Allemand 1re année

Tor!

Niveau A1/A2

Cahier d'activités

Sous la direction de

Annie SEMAL-LEBLEU

Professeur agrégé

Directrice adjointe de l'IUFM du Nord-Pas-de-Calais

Laetitia DEGRYSE

Professeur agrégé, Lycée Lazare-Carnot

Arras (62)

Petra HILLEKE

Professeur certifié, École Centrale

Lille (59)

Élisabeth LANSEL

Professeur certifié, Collège Frédéric Joliot-Curie

Calonne-Ricouart (62)

Formatrice associée (Rectorat de Lille)

Intervenante en École Primaire

Thomas LEGRAND

Professeur certifié bi-admissible, Collège Pierre Mendès-France

Arques (62)

CNED, Institut de Rennes (35)

Bordas

Ce cahier d'activités est imprimé en deux couleurs :

Les parties noires renvoient à un travail de classe : les consignes sont en allemand.

Les parties bleues renvoient à un travail en autonomie : les consignes sont en français.

Compréhension orale		
Expression orale en continu		
Interaction orale		
Compréhension écrite		
Expression écrite		
Renvoi à la plage du CD élève		
Renvoi au CD classe		
Renvoi au manuel	LEHRBUCH, S. 19	LEHRBUCH, S. 19

Direction éditoriale : Sylvie Roussel

Édition : Catherine Latreille

Direction artistique : Pierre Taillemite

Conception graphique : Pierre Taillemite

Réalisation : Gexmougin

Iconographie : Agnès Calvo

Relecture critique : Élisabeth Thomas, Sylvie Philippot

Dessins : Laurent Audouin, Laetitia Aynié, Peggy Nille (pp. 120-121)

Infographie : Domino

Cartographie : Édigraphie

Photogravure : Sycomore

Fabrication : Josiane Nicole

Sincères remerciements à Marion Salaün pour sa collaboration.

ISBN 978-2-04-732249-9

Sommaire

Carte de l'Allemagne 5

Kapitel 1 6

Extra plus
Atmosphären: *Die Straßen von Kassel* 8

Extra plus SCHÜLER 1 SCHÜLER 2 SCHÜLER 3
Atmosphären: *Leute von Heute* 10

Extra plus SCHÜLER 6
Unter der Lupe: *Die Bananafishbones* 13

Kapitel 2 20

Extra plus SCHÜLER 9
Atmosphären: *Stars von Heute* 22

Extra plus
Atmosphären: *Freizeit in Kassel* 24

Extra plus SCHÜLER 11
Unter der Lupe: *Fußball und Mädchen* 30

Kapitel 3 36

Extra plus
Atmosphären: *Bei Familie Schröder* 39

Extra plus SCHÜLER 15 SCHÜLER 16 SCHÜLER 17
Atmosphären: *Familien von Heute* 42-43

Extra plus
Unter der Lupe: *Erich Kästner und die Detektive* 46

Kapitel 4 53

Extra plus SCHÜLER 22
Atmosphären: *Schule von Heute* 56

Kapitel 5 67

Extra plus SCHÜLER 27
Atmosphären: *Feste von Heute* 73

Extra plus SCHÜLER 29 SCHÜLER 30
Unter der Lupe: *Mozart* 76-77

Sommaire

Kapitel 6 83

Extra plus 34 35 — **Atmosphären:** *Umwelt von Heute* 88

Extra plus — **Atmosphären:** *Ein Punkt für die Umwelt* 89

Extra plus 37 — **Unter der Lupe:** *Ein Musikverein in Kassel* 93-95

Kapitel 7 101

Extra plus 40 41 42 — **Atmosphären:** *Wetter von Heute* 107

Extra plus — **Unter der Lupe:** *Naturerlebnis pur!* 113

Kapitel 8 119

Extra plus 47 48 49 50 51 52 — **Atmosphären:** *Märchen von Immer* 122

Extra plus — **Atmosphären:** *Die Brüder Grimm* 123

Extra plus 54 — **Unter der Lupe:** *Berlin* 128-129

Extra plus 55 — **Unter der Lupe:** *Der Himmel über Berlin* 131

Bilan lexical 136

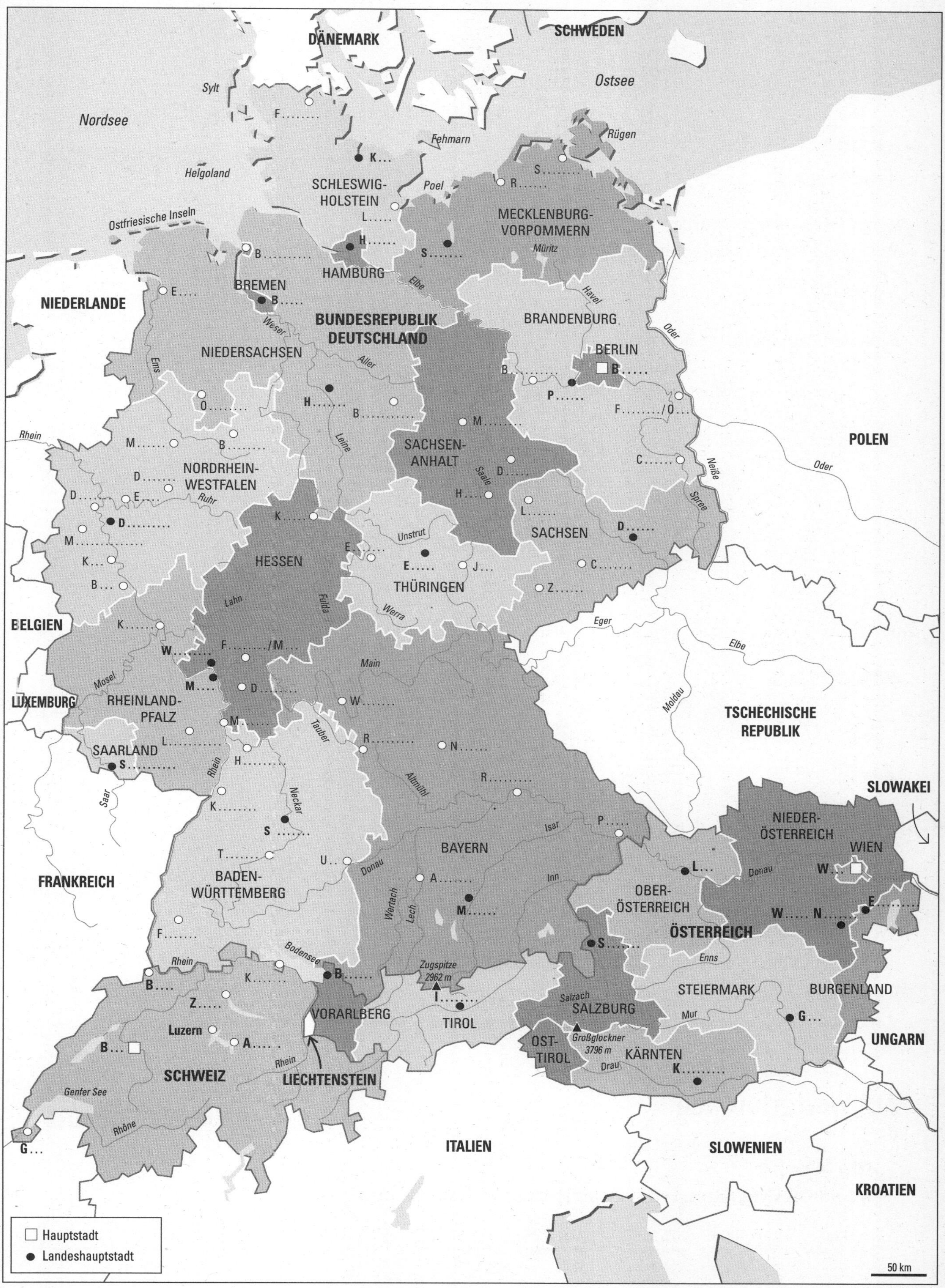
DÄNEMARK
SCHWEDEN
Ostsee
Sylt
F........
Nordsee
Fehmarn
Rügen
K...
Helgoland
SCHLESWIG-
HOLSTEIN
Poel
S........
R......
L.....
Ostfriesische Inseln
MECKLENBURG-
VORPOMMERN
H......
S.......
Müritz
B..........
HAMBURG
Elbe
E....
BREMEN
B.....
Havel
NIEDERLANDE
Weser
BUNDESREPUBLIK
DEUTSCHLAND
BRANDENBURG
Oder
NIEDERSACHSEN
BERLIN
Ems
Aller
B.........
B.....
P.....
O........
H.......
B..........
F......../O...
M........
Rhein
M......
B........
POLEN
SACHSEN-
ANHALT
Oder
Leine
C......
Neiße
D......
NORDRHEIN-
WESTFALEN
Saale
D....
D......
E.....
Ruhr
H....
Spree
L......
D........
K.....
D.....
M............
Unstrut
SACHSEN
E......
K....
HESSEN
E.....
J...
C.......
B...
THÜRINGEN
Z.....
Lahn
Fulda
Werra
BELGIEN
K......
Eger
F......../M...
Elbe
W.......
Main
Mosel
M....
D........
Moldau
LUXEMBURG
RHEINLAND-
PFALZ
W.........
TSCHECHISCHE
REPUBLIK
M.....
Tauber
SAARLAND
L..........
R.........
N......
S.........
H........
Rhein
Altmühl
R.........
SLOWAKEI
Saar
K.......
Neckar
Isar
P.....
NIEDER-
ÖSTERREICH
S.......
BAYERN
WIEN
T.......
U..
Donau
L...
Donau
W...
FRANKREICH
BADEN-
WÜRTTEMBERG
A.......
Inn
OBER-
ÖSTERREICH
Wertach
Lech
M......
W.....
N.......
E.........
F.......
ÖSTERREICH
S.......
Bodensee
Rhein
Enns
B.....
Zugspitze
2962 m
B....
K.......
STEIERMARK
BURGENLAND
Z.....
I........
Salzach
SALZBURG
VORARLBERG
TIROL
Mur
G...
Luzern
A.....
Großglockner
3796 m
B...
OST-
TIROL
KÄRNTEN
UNGARN
Rhein
Drau
SCHWEIZ
LIECHTENSTEIN
K........
Genfer See
Rhône
G...
ITALIEN
SLOWENIEN
KROATIEN
Hauptstadt
Landeshauptstadt
50 km

Kapitel 1

Aktion 1

LEHRBUCH, S. 11

Neue Freunde

Hör zuerst den Dialog!

1. **Du hörst im Lied 5 deines CD fünf Synonyme für „super“. Welche? Kreuze an!**

☐ wundervoll ☐ genial ☐ fett ☐ spitze
☐ cool ☐ toll ☐ klasse ☐ geil

2. **Welche zwei Wörter hörst du?**

☐ Au! ☐ Igitt! ☐ Autsch! ☐ Iah!
☐ Hatschi! ☐ Gack, gack! ☐ Aua! ☐ Quak, quak!

3. **Was tut Alex weh? Kreis ein!**

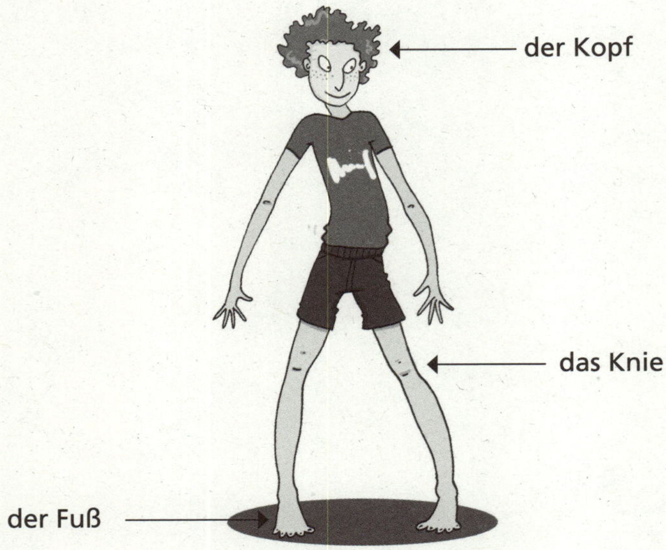

www.bordas-tor.fr

Melodien

1. **Zwei Vokale sind lang. Welche? Kreis ein!**

toll voll Knie Mist Geht's? fett

Auf Wörtertournee

LEHRBUCH, S. 12

1. Die Woche

À l'aide des vignettes, retrouve les jours de la semaine, puis classe-les.

DIENS- MON- SAMS- -WOCH DONNERS- FREI- -TAG MITT- SONN-

a. ....

b. ....

c. ....

d. ....

e. ....

f. ....

g. ....

2. Die Zahlen

Fais le calcul et écris le résultat en toutes lettres.
+ plus   – minus   x mal   ÷ durch

a. Wie viel ist drei plus fünf? ....

b. Wie viel ist zwölf minus zwei? ....

c. Wie viel ist fünf mal drei? ....

d. Wie viel ist sechzehn durch zwei? ....

e. Wie viel ist sechzehn plus eins? ....

f. Wie viel ist vierzehn plus sechs? ....

g. Wie viel ist achtzehn durch drei? ....

h. Wie viel ist neunzehn minus eins? ....

i. Wie viel ist neun minus sieben plus elf? ....

j. Wie viel ist zwanzig durch vier? ....

k. Wie viel ist zwanzig minus vier plus null? ....

Auf Wörtertournee

LEHRBUCH, S. 13

Die AGs im Friedrichsgymnasium

PARTNER A

Informationen fehlen. Frag deinen Partner! Er hat sie in der Spielecke dieses Ü-Hefts (S. 17).
– Wer macht Chor? Buchstabiere bitte! …
– Welche AG macht Frau Koschka? …
– Wann ist Ökologische Station? …

Welche AG?	Wer?	Wann?
Astronomie-AG	Herr Wichmann (Französisch – Englisch)	Do. 22.00
Dokumentarfilm-AG	Frau Kowitz (Geschichte – Religion)	Mo. 16.00
....	Herr Krämer (Technik – Physik)	Di. 14.30
Ökologische Station	.... (Bio – Mathe)	Fr. 15.30
Technik-AG	Frau Koschka (Tobias' Mutter, 5d)	....
Volleyball-AG	Herr Schatz (Lenas Vater, 10b)	Mi. 16.30
Chor	Herr Winterkamp (Musik – Hebräisch)	Fr. 13.20
Italienisch-AG	Herr Mardacelli (Italienisch – Deutsch)	Fr. 14.00
....	Frau Lehman (Kunst – Informatik)	Di. 13.20

Atmosphären

LEHRBUCH, S. 14

Die Straßen von Kassel

Lies zuerst die Texte auf Seite 14!

1. Füll das Raster aus!

	Vorname	Alter	Straßen	♡	~~♡~~	Indizien im Text
Text 1						
Text 2						
Text 3						

2. Markiere die Straßen auf dem Stadtplan von Kassel! (Ü-Heft, S. 5)

3. Welche Adjektive charakterisieren die Atmosphäre der Straßen?

	Straße	Charakterisierung
Text 1		
Text 2		
Text 3		

Atmosphären

LEHRBUCH, S. 14

Die Straßen von Kassel

Extra plus

Lis ce qu'un autre jeune de Kassel dit de sa rue.

Ich heiße Jonas und ich bin in der 6. Klasse. Meine Straße heißt Frankfurter Straße. Sie ist eine Hauptstraße in Kassel. Sie ist sehr lang, sehr groß und sehr laut. Es gibt viele Autos, Busse und Straßenbahnen. Ich wohne nicht gern hier. Diese Straße ist langweilig, denn wir können draußen nicht spielen. Ich mag meine Straße nicht. Aber es ist praktisch, denn wir wohnen sehr zentral.

1. Repère :

a. son prénom : ....

b. sa classe : ....

c. le nom de sa rue : ....

d. les adjectifs utilisés pour caractériser sa rue : ....

....

e. si la personne aime ou n'aime pas sa rue en donnant une justification : ....

....

2. **À partir des quatre textes, associe chaque adjectif à son contraire.**
klein – laut – lustig – ruhig – langweilig – groß

.... ≠ ....

.... ≠ ....

.... ≠ ....

3. **Et toi, comment trouves-tu ta rue ?**

a. *Ich heiße* ....

b. *Ich bin* .... *Jahre alt.*

c. *Meine Straße heißt* ....

d. *Ich (♡ – ✗♡)* ....

e. *Meine Straße ist* ....

Atmosphären

LEHRBUCH, S. 15

Leute von Heute

Hör alle fünf Texte!

1. **In welchem Interview hörst du folgende Namen? Schreib die Nummer des Interviews ins Kästchen!**

☐ Afrob ☐ André Rieu ☐ die Fantastischen Vier ☐ Gaby Koester
☐ Mario ☐ Natalie Alison ☐ Natascha ☐ Pierre
☐ Tommy ☐ Willy

2. **Wo sind sie? In Köln (K), in Maastricht (M) oder in Wien (W)?**
Schreib K, M oder W in die Wo-Spalte!

	Wer?		Wo?
1	Afrob		
2	André Rieu		
3	Pierre	ist in	
4	Tommy		
5	Willy		
6	die Fantastischen Vier	sind in	

3. **Woher kommt ...**

a. Natalie Alison? Aus ....

b. Gaby Koester? Aus ....

4. **Wie alt ist...**

a. Mario? ....

b. Natascha? ....

c. Natalie Alison? ....

d. Tommy? ....

Atmosphären

LEHRBUCH, S. 15

Leute von Heute

Extra plus

Écoute les trois documents sonores de ton CD.

1. Relève les deux façons de saluer que tu connais et que tu entends.

– H ....

– H ....

2. Que signifie *Herzlich Willkommen* ?

☐ Bonne nuit ☐ Bienvenue ☐ Au revoir

3. Il y a trois émissions différentes. Inscris l'ordre dans lequel tu les entends.

une interview : .... un jeu : .... un journal : ....

Puis écris sous chaque nom le numéro de l'émission où tu l'entends.

Blümchen	*Mars*	*Jasmin Wagner*	*Peter*	*Martin Schmidt*	*Frank*
....	....	....	....	....	....

4. Réécoute le jeu pour répondre aux questions suivantes.

a. À l'aide de la question 3, indique maintenant qui vient :

– d'Allemagne ? ....

– de Talin en Estonie ? ....

– de New York ? ....

b. L'un des candidats commence en disant « Bonsoir ». Que dit-il ?

☐ *Guten Morgen* ☐ *Guten Tag* ☐ *Guten Abend* ☐ *Gute Nacht*

5. Réécoute l'interview pour répondre aux questions suivantes.

a. De quelle ville allemande portuaire est-il question ?

De H....................

b. Quel âge avait la chanteuse lors de :

– son premier hit ? ....

– sa période techno ? ....

– sa période pop romantique ? 17 ans

– sa tournée d'adieu en tant que « *Blümchen* » ? ....

Miteinander

LEHRBUCH, S. 16-17

Von mir zu dir

1. Après avoir consulté le site www.bordas-tor.fr, écris ci-dessous les noms que tu as trouvés.

Prénoms de filles : ....

....

Prénoms de garçons : ....

....

Noms de famille : ……………………………………………………………………………………………

………

2. Écris des noms de grandes villes germanophones.
Place-les ensuite sur la carte de ton cahier d'activités, page 5.

Grandes villes germanophones : ……………………………………………………………………

………

3. Écris des noms de rues ou de places qui existent dans les villes que tu as notées ci-dessus.

Goethestraße – Berlin	……………………………
……………………………	……………………………

4. a. Inscris les classes correspondantes en France.
b. Colorie en vert l'école primaire en Allemagne et en France.
c. Entoure la classe dans laquelle tu serais en Allemagne.

Âge	6	7	8	9	10	11	12	13	14	15	
Classes en Allemagne	1.	2.	3.	4.	5.	6.	7.	8.	9.	10.	*Mittlere Reife*
Classes en France	CP	…	…	…	…	…	…	…	…	Brevet des collèges	

Miteinander

LEHRBUCH, S. 16-17

Von mir zu dir

Meine erste E-Mail…

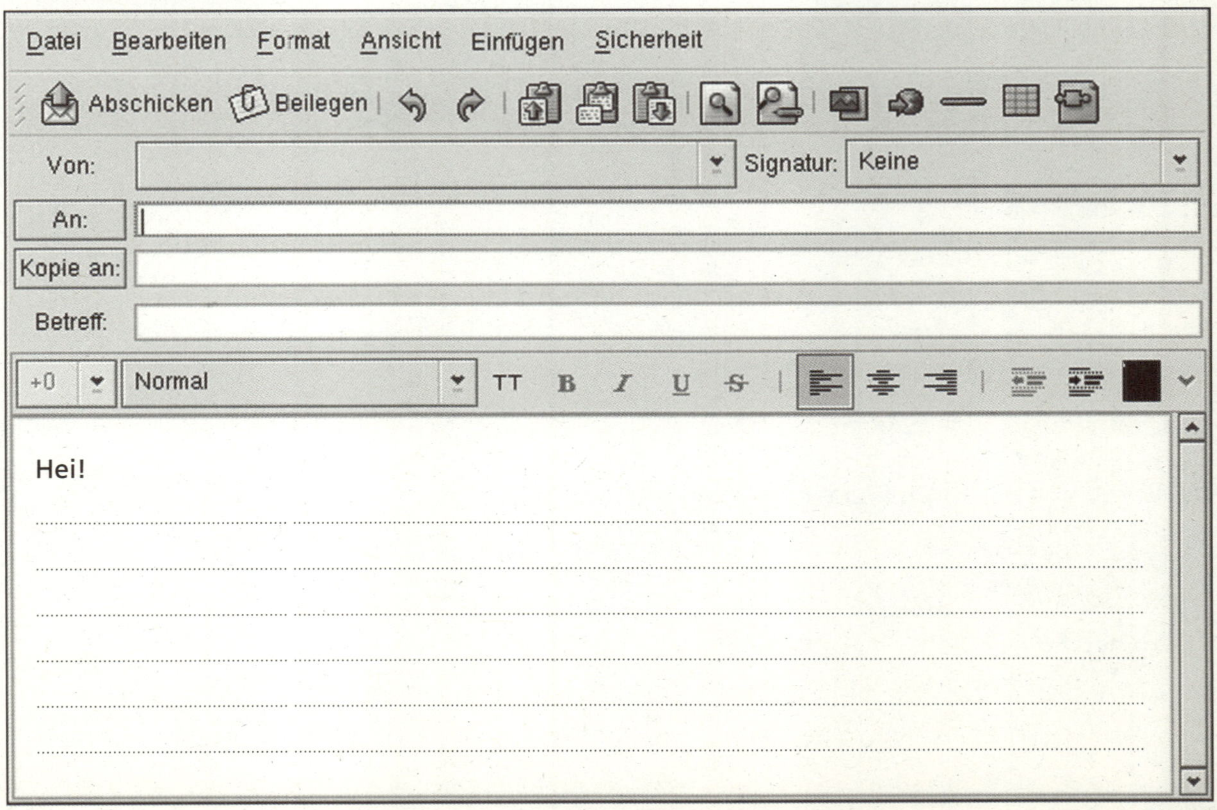

Im Schüleratelier

Jetzt bist du jemand anders und füllst deinen Steckbrief aus.

Familienname: ....

Vorname: ....

Alter: ....

Straße + Hausnummer: ....

Stadt: ....

Geburtsort: ....

Aktion 2

LEHRBUCH, S. 18-19

Am Schwarzen Brett

Hör dir zuerst den Dialog an!

1. a. Welche AGs hörst du? Kreis ein!
b. Wie reagieren die Schüler? Verbinde!

Schach-AG •	• supergenial
Streetdance-AG •	• blöd
Theater-AG •	• cool
Literatur-AG •	• absolut genial
Musik-AG •	• wundervoll
Foto-AG •	• doof
Skate-AG •	• voll uncool
Technik-AG •	• super

2. Wie heißen die beiden Schüler mit Vornamen? Verbinde mit dem Familiennamen!

.... • • HÜGEL

.... • • RIEPER

3. In welche Klasse gehen sie? Kreis ein!

5. 6. 7. 8. 9.

4. Wer kommt aus Essen und wohnt in Altenbauna? ....

Melodien

Wo hörst du ein „h"? Hamburg Essen

a. ALTENBAUNA b. ALLO c. IER d. EIßT e. AUS
f. ABSOLUT g. ÜGEL h. ARM i. AND j. ALEX

Unter der Lupe

LEHRBUCH, S. 20

Die Bananafishbones

1. Hör dir den Text an!

a. Wie heißt die Musikgruppe? Kreuze an!

☐ die Toten Hosen
☐ die Fantastischen Vier
☐ die Bananafishbones

b. Du hörst zwei Vornamen. Welche? Kreuze an!

☐ Bastian ☐ Florian ☐ Julian
☐ Fabian ☐ Sebastian ☐ Christian

c. Das Radio RMN heißt:

☐ Radiomusiknet ☐ Rapmelodienet ☐ Radiomelodienoten
☐ Radiomelodienet ☐ Rockmusiknet ☐ Rockmelodienet

d. Wo und wann spielt die Gruppe? Verbinde!

am 1. April •	• in Aarau
am 2. April •	• in Görisried
am 3. •	• in Luzern
am 4. •	• in München
am 17.04. •	• in Simbach am Inn
am 18.04. •	• in Thun
am 22.04. •	• in Wien
am 23.04. •	• in Winterthur

2. Lies den Text im Buch (Seite 20)!

a. Wie viele Musiker sind in der Gruppe? Kreuze an! ☐ 2 ☐ 3 ☐ 4

b. Wie heißen die Musiker? ....

c. Woher kommen die Bananafishbones? Aus ....

d. Seit wann spielen sie zusammen? Seit ....

e. Wer schreibt die Texte? ....

f. Welches Instrument spielt Peter? ....

g. Welche englische Gruppe mögen sie? ....

Unter der Lupe

LEHRBUCH, S. 20

Die Bananafishbones

Extra plus

1. Écoute sur ton CD la suite de l'interview avec les dernières dates de concert des Bananafishbones. Où et quand joue le groupe ? Associe ce qui convient !

am 14.05. •	• in Kutzenhausen
am 15. •	• in Landshut
am 19.05. •	• in Regensburg
am 20.05. •	• in Warngau
am 29.05. •	• in Würzburg

2. Va sur **www.bordas-tor.fr** qui te donnera l'adresse du site du groupe des Bananafishbones. Puis trouve la réponse aux questions suivantes.

Rubrique „Discs"

a. Quel est le nom de leur premier album ?

....

b. Combien d'albums ont-ils déjà sortis ? ....

c. Quand leur dernier album est-il sorti ? ....

d. La chanson chantée par Alex sur son vélo est *„Es ist geil, ein wilder Kerl zu sein"*. (Tu peux en écouter un court extrait !)

– De quel album est-elle extraite ? ....

– Le titre de cet album est aussi le titre d'autre chose. De quoi s'agit-il ? (Regarde sous la photo de la pochette de l'album !)

....

– Complète le refrain de cette chanson !

Es ....

Es ....

Es ....

Rubrique „Tour"

e. Retrouve la date et le lieu de leur dernier concert !

– Le ....

– À ....

Unter der Lupe

LEHRBUCH, S. 21

Die Wilden Kerle

Welcher Titel passt zu welchem Foto? Schreib die Texte unter die Fotos!

a. Leon hat viele Fans.
b. Leon und seine Feunde fahren gern Fahrrad.
c. Leon liebt Vanessa.
d. Leon spielt gern Fußball.
e. Leons Fußballtrainer heißt Willi.

....

....

....

....

....
....
....

....
....

....
....
....

Grammitraining

LEHRBUCH, S. 22

1. Retrouve le ou les sujets des verbes conjugués suivants.

~~spiele~~ – ist – bist – komme – spielen – heiße – kommst – magst – geht – mögen – bin – findest – kommen – heißt – wohne – findet – wohnen – gehe – mag – sind

a. ich *spiele*, ...

b. du ....

c. er/sie ....

d. wir ....

e. ihr ....

f. sie/Sie ....

2. Complète en conjuguant le verbe indiqué entre parenthèses.

a. Alex .... in die Klasse 7a. *(gehen)*

b. Alex .... ein Lied von den Bananafishbones. *(singen)*

c. Wo .... ihr? *(wohnen)*

d. Ich .... Roller. *(mögen)*

e. Ich .... jetzt hier. *(wohnen)*

f. .... du gern hier? *(wohnen)*

g. Herr Rieper, ... Sie aus Kassel? *(kommen)*

h. Elias .... Literatur absolut genial. *(finden)*

i. Die AGs .... super. *(sein)*

j. Wir .... Volleyball. *(spielen)*

k. Wie .... du das? *(schreiben)*

l. .... ihr aus Berlin? *(kommen)*

3. Retrouve la réponse à la question posée.

Geht so – Aus Aachen – In Berlin – Dreizehn – In die 7b – Am Freitag – Voll cool – Elias

a. Woher kommst du? ....

b. Wie alt bist du? ....

c. In welche Klasse gehst du? ....

d. Wie findest du die Streetdance-AG? ....

e. Wo wohnst du? ....

f. Wer mag Literatur? ....

g. Wann ist Internet-AG? ....

h. Wie geht's? ....

Aktion 3

LEHRBUCH, S. 23

Am Telefon

SCHÜLER 7

1. Wer ist am Apparat?

.... und ....

2. Leon informiert Laura über die AGs. Welche? Wann? Füll das Raster aus!

AGs	Tag	Uhrzeit
....	Donnerstag	....
....	....	17.00
Streetdance-AG	....	....
Einrad- und Jonglage-AG	....	....

3. a. Welche AG macht Leon? ....

b. Mit wem? Mit Herrn .... **Wann?** ....

Spielecke

Auf Wörtertournee

1. Die Zahlen *(Lehrbuch, S. 12)*

Wie oft findest du die 12? Rechne!

- ☐ fünf + fünf
- ☐ sechzehn – vier
- ☐ drei x sechs
- ☐ siebzehn – zwei
- ☐ dreißig + vierzig
- ☐ dreißig ÷ zehn
- ☐ zwölf x null
- ☐ fünfzehn x zwei
- ☐ zwanzig – acht
- ☐ zwölf – zwei
- ☐ eins + elf
- ☐ achtzehn ÷ drei
- ☐ sieben + neun
- ☐ vier x drei
- ☐ sechzig – neun
- ☐ siebenundsiebzig ÷ elf
- ☐ zweiundzwanzig – dreizehn
- ☐ neunundzwanzig – vierzehn + elf
- ☐ vierzig ÷ zehn + acht
- ☐ drei x vierzehn ÷ sieben x zwei

2. Die AGs im Friedrichsgymnasium *(Lehrbuch, S. 13)*

PARTNER B

Informationen fehlen. Frag deinen Partner! Er hat sie auf Seite 7 dieses Ü-Hefts.
– Wer macht Chor? Buchstabiere bitte! ...
– Welche AG macht Frau Koschka? ...
– Wann ist Ökologische Station? ...

Welche AG?	Wer?	Wann?
....	Herr Wichmann (Französisch – Englisch)	Do. 22.00
Dokumentarfilm-AG	.... (Geschichte – Religion)	Mo. 16.00
Internet-AG	Herr Krämer (Technik – Physik)	Di. 14.30
Ökologische Station	Frau Wiesemann (Bio – Mathe)	Fr. 15.30
Technik-AG	Frau Koschka (Tobias' Mutter, 5d)	Mo. 15.00
Volleyball-AG	Herr Schatz (Lenas Vater, 10b)	....
Chor	Herr Winterkamp (Musik – Hebräisch)	....
Italienisch-AG	.... (Italienisch – Deutsch)	Fr. 14.00
Comic-AG	Frau Lehman (Kunst – Informatik)	Di. 13.20

3. Serpent de lettres

Réécris les phrases en respectant les espaces entre les mots, les majuscules et la ponctuation.

a. Halloichbinalexunddu ....
b. Ichbinzwölfundduwiealtbistdu ....
c. ichwohnegernhier ....
d. meinestraßeistgroßlangundlaut ....
e. meinnameistjana ....
f. kommstduausberlinneinichkommeauskassel ....
....
g. auameinknie ....

Ce que je sais...

LEHRBUCH, S. 24-25

Tu veux ...

1. dire bonjour à quelqu'un (x 2) :
.... 0 | 1 | 2

2. te présenter (nom, prénom et ville) :
.... 0 | 1 | 2

3. dire ton âge et ta classe :
.... 0 | 1 | 2

4. dire que quelque chose (par exemple le club de musique) est super (x 2) :
.... 0 | 1 | 2

5. dire que quelque chose (par exemple le club d'astronomie) n'est pas intéressant (x 2) :

.... | 0 | 1 | 2 |

6. donner l'horaire du club vélo (jour et heure) :

.... | 0 | 1 | 2 |

7. demander à quelqu'un comment il s'appelle :

.... | 0 | 1 | 2 |

8. demander à quelqu'un son âge :

.... | 0 | 1 | 2 |

9. demander à quelqu'un où il habite :

.... | 0 | 1 | 2 |

10. demander l'horaire d'un club (par exemple le club de littérature) :

.... | 0 | 1 | 2 |

Punktestand : ... / 20

Wie gut du bist!

Zertifikation A1

LEHRBUCH, S. 24-25

Hören

1. Welche Antwort ist richtig? Kreuze an!

	a.	b.	c.
1.	☐ Guten Tag!	☐ In die 8.	☐ Geht schon!
2.	☐ Leons Freundin.	☐ In Kassel.	☐ 12.
3.	☐ Super!	☐ Aua, mein Knie!	☐ Ja, ich mag Bananen.
4.	☐ Am Mittwoch um 3.	☐ In die 8.	☐ In Berlin.
5.	☐ Die Bananafishbones.	☐ Aus Essen.	☐ Am Montag um 20 Uhr.

0	2

Punktestand : ... / 10

2. Was magst du? Was magst du nicht?

....

....

....

....

....

0	2

Punktestand : ... / 10

Punktestand : ... / 20 ⩾ 50 % = ☺

Lesen

1. Lies die Texte und ergänze den Dialog! (Sieh Seite 24 im Buch!)

- Hallo! Wie heißt du? – ......
- Woher kommst du? – ......
- Wohnst du in Kassel? – ......
- Wie alt bist du? – ......
- Gehst du auch in die 7a? – ......
- Genial! Ich auch.

0	2

Punktestand : ... / 10

2. Lies die Zahlen! Was passt zusammen? Kreuze an!

a. einunddreißig	☐ 13	☐ 31	☐ 130
b. zwölf	☐ 2	☐ 10	☐ 12
c. vierundsiebzig	☐ 47	☐ 77	☐ 74
d. hundertachtundsechzig	☐ 165	☐ 168	☐ 158
e. neunundzwanzig	☐ 19	☐ 29	☐ 92

0	2

Punktestand : ... / 10

Punktestand : ... / 20 ⩾ **50 %** = ☺

Töne und Klänge

LEHRBUCH, S. 26

Melodien

SCHÜLER 8

Hör dir das ABC-Lied an! Dann hörst du 12 Buchstaben. Nummeriere sie!

A	B	C	D	E	F	G	H	I	J	K	L	M	N	O	P	Q	R	S	T	U	V	W	X	Y	Z
																	2						1		

Kapitel 2

Aktion 1

Skaten in der Innenstadt

LEHRBUCH, S. 27

Hör dir den Dialog an!

1. In welche AGs gehen sie? Verbinde!

Elias •	• Fahrrad-AG
Jana •	• Internet-AG
Tim •	• Literatur-AG
	• Musik-AG
	• Theater-AG
	• Schach-AG

2. Warum will Jana nicht in die Fahrrad-AG? Kreuze an!

☐ Sie findet Fahrrad-AG zu anstrengend.

☐ Sie mag Sport nicht. (♡)

☐ Sie hat Schach-AG lieber. (♡♡)

3. Wer will sein Skateboardtalent zeigen? Kreuze an!

☐ Elias
☐ Tim
☐ Jana
☐ Alex

4. Was ist ein Synonym für „Oh Gott!"? Kreuze an!

☐ Aua!
☐ Au weia!
☐ Hatschi!
☐ Hallo!

Melodien

Wo hörst du „ch" und wo hörst du „r"? Schreib ein „ch" oder ein „r"!

a. o**ch**	g. A_zt	m. au_
b. Vo**r**name	h. Na_bar	n. A_m
c. Flo_ian	i. Pade_born	o. a_
d. Joa_im	j. Aa_en	p. Moza_t
e. Na_t	k. ma_e	q. a_t
f. Scha_	l. Jah_e	

Auf Wörtertournee

LEHRBUCH, S. 28

1. Écris sous chaque vignette la phrase qui convient.

er fährt Kanu – er schwimmt – sie reitet – sie rudern – sie surft – es schwimmt – sie wandert – er reitet

....

....

2. À l'aide du dessin, recompose les noms des médecins spécialistes, puis recherche le mot français correspondant.

1. Der Hausarzt....................	Le médecin de famille....................
2. D....................	L'ORL (spécialiste du nez, de la gorge et des oreilles)
3. D....................	L....................
4. D....................	L....................
5. D....................	L....................

Auf Wörtertournee

LEHRBUCH, S. 29

SOS zu Hilfe!

Such die Informationen im Lehrbuch und füll das Raster aus!

Name	Adresse	Telefonnummer	E-Mail-Adresse	Öffnungszeiten Praxiszeiten
			kassel@ dr-foehler.de	
	Vor der Prinzenquelle 19			
	Weinbergstr. 7			
Notruf Feuerwehr				
		110		
DRK - Kassel				

Atmosphären

LEHRBUCH, S. 30

Stars von Heute

1. Hör dir das Interview der „Revolverheld" an! Was machen sie in ihrer Freizeit? Kreuze an!

☐ skaten
☐ Musik hören
☐ laufen
☐ abends ins Kino gehen
☐ im Internet surfen
☐ schwimmen
☐ sich einen Film angucken
☐ Fußball spielen
☐ reiten
☐ ein Buch lesen
☐ ein Album schreiben
☐ feiern

2. Hör dir das Interview von Elli an! Was macht sie in ihrer Freizeit? Kreuze an!

☐ abends weggehen
☐ telefonieren
☐ ein Buch lesen
☐ malen
☐ einkaufen
☐ E-Mails lesen
☐ ausschlafen
☐ Kaffee trinken
☐ fernsehen
☐ Schach spielen
☐ Freunde treffen
☐ kochen

Atmosphären

LEHRBUCH, S. 30

Stars von Heute

Extra plus

9 Écoute le document sonore de ton CD et réponds aux questions suivantes.

a. Quel est le prénom de la star ? ....

b. Comment va-t-elle ? ☐ 😊😊 ☐ 😊 ☐ 😐 ☐ ☹️

c. Quel âge a-t-elle ? ☐ 25 ☐ 26 ☐ 27 ☐ 28

d. Où habite-t-elle ? ☐ à Aix-la-Chapelle ☐ à Berlin ☐ à Cologne ☐ à Vienne

e. Repère deux de ses trois loisirs :

– .... – ....

Atmosphären

LEHRBUCH, S. 31

Freizeit auf der Fulda

1. Lies den Text „Kanu auf der Fulda" und beantworte die Fragen!

a. Wie lang ist die Kanutour zwischen Bad Hersfeld und Kassel? .... km.

b. Wie viele Tage kann die Tour dauern? .... Tage.

c. Wo kannst du schlafen? ....

d. Welche Städte kannst du sehen? ....

e. Was kannst du in Kassel sehen?

– ....

– ....

– ....

2. Lies den Text „Ruderverein" und beantworte die Fragen!

a. Welche AG vom Friedrichsgymnasium hat eine lange Tradition? ....

b. Wie alt ist diese AG? ....

c. Was organisiert der Ruderverein mittwochs? ....

d. Wer kann mitmachen? ....

e. Um wie viel Uhr treffen sie sich? ....

3. Lies noch einmal die beiden Texte! Was ist richtig? Was ist falsch? Korrigiere die falschen Aussagen!

	Richtig	Falsch
a. Kassel liegt in Bayern.	☐	☐
....		
b. Hessen ist ein deutsches Bundesland.	☐	☐
....		
c. Die Fulda ist ein Fluss.	☐	☐
....		
d. Kassel liegt an der Donau.	☐	☐
....		
e. Auf der Fulda kannst du rudern und Kanu fahren.	☐	☐
....		
f. Kassel ist eine kleine Stadt.	☐	☐
....		
g. Die Wilhelmshöhe ist ein Park in Kassel.	☐	☐
....		

Atmosphären

LEHRBUCH, S. 31

Extra plus

Freizeit in Kassel

Lis les textes suivants et réponds ensuite aux questions.

Freibad Wilhelmshöhe

Kurhausstraße 31 - Kassel
Telefon: 7 82-24 55

Öffnungszeiten:
Montag - Freitag: 07.00 - 19.00 Uhr
Samstag und Sonntag-Feiertag: 09.00 - 19.00 Uhr

Saison:
Mai bis September

Das Freibad in Wilhelmshöhe bietet jede Menge Möglichkeiten:
- *Schwimmbecken für Schwimmer und Nichtschwimmer*
- *Planschbecken mit Rutsche*
- *Spielplatz und Liegewiese*
- *Café-Terrasse und Imbiss*

Eintrittspreise

Einzelkarte Erwachsene:	3,00 €
Einzelkarte Kinder / Ermäßigte:	2,50 €
10er Karte Erwachsene:	25,00 €
10er Karte Kinder / Ermäßigte:	20,00 €
Saisonkarte Erwachsene:	80,00 €
Saisonkarte Kinder / Ermäßigte:	50,00 €
Feierabendtarif (ab 17.00 Uhr):	1,50 €
Familienkarte:	8,00 €

1. **À partir de quel mois la piscine est-elle ouverte ? Quand ferme-t-elle ?**

....

2. **Indique les horaires d'ouverture du week-end :** ....

3. **Donne le prix :**

- d'une entrée pour deux adultes et trois enfants : ....
- d'une entrée pour une personne à tarif réduit : ....
- d'une entrée en fin de journée : ....
- d'une carte de dix entrées pour un adulte : ....

4. **Trouve ce que désignent les noms suivants. Attention, ce sont des noms composés !**

– Schwimmbecken: ....
– Nichtschwimmer: ....
– Spielplatz: ....
– Liegewiese: ....
– Feierabendtarif: ....

Miteinander

LEHRBUCH, S. 32-33

Von mir zu dir

1. Reporte sur le dessin les parties du corps déjà fléchées (Pense à indiquer « droit » ou « gauche »).

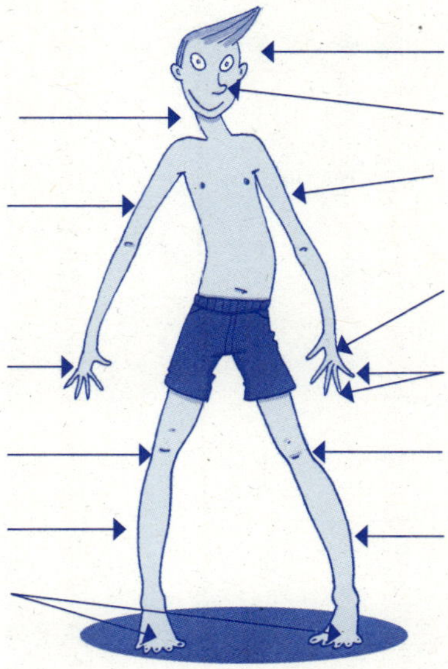

d.......................
d.......................
d.......................
d.......................
d.......................
d.......................
d.......................
d.......................
d.......................
d.......................
d.......................
d.......................
d.......................
d.......................

2. Complète le dessin en ajoutant deux mots que tu auras trouvés ou entendus.

3. Retrouve les 12 parties du corps cachées dans cette grille de mots mêlés et entoure-les.
Écris ensuite ces mots précédés de leur article défini.

D	Z	A	H	N	I	X	B	T	L
N	H	U	U	B	D	F	R	O	A
A	O	G	I	H	A	U	T	J	B
S	K	E	W	A	S	ß	U	L	O
E	S	I	D	N	E	F	T	ß	B
U	J	A	E	D	V	W	N	Y	A
K	P	Y	E	K	C	P	K	Q	U
O	H	R	H	**B**	**E**	**I**	**N**	U	C
P	L	T	M	F	H	N	I	Z	H
F	I	N	G	E	R	U	E	A	G

1. d.......................
2. d.......................
3. d.......................
4. d.......................
5. d.......................
6. d.......................
7. d.......................
8. d.......................
9. d.......................
10. d.......................
11. d.......................
12. d.......................

4. Donne quatre indications sur ton emploi du temps personnel de la semaine.

Am Montag um 17 Uhr gehe ich Musik spielen.

Am .... *um* .... *gehe ich* ....

....

....

....

Spielecke

Mots croisés : écris dans les cases le nom des activités représentées sur les vignettes (aide-toi de ton lexique). À la fin, tu obtiendras le nom d'une activité que tu connais.

1. 
2. 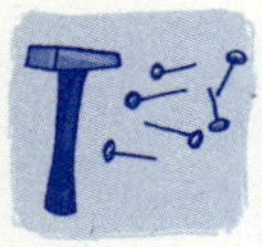
3. 
4. 
5. 
6. 
7. 
8. 
9. 
10. 

Mot-mystère : ....

Im Schüleratelier

1. Merk dir hier wichtige Adressen und Telefonnummern für den Notfall in Kassel!

2. **Schreib hier deine fünf festen Aktivitäten oder Termine. Notiere dann hinzu, was du mit einem/einer FreundIn unternehmen willst!**

	Montag	von 14 bis 15 Uhr 30	schwimmen	mit Marion
1.				
2.				
3.				
4.				
5.				

3. **Jetzt kannst du dich deinem/deiner AustauschpartnerIn vorstellen und ihm/ihr einen Brief schreiben!**

................................, den ....

Hallo …!

ich ....

....

....

....

....

....

....

....

....

Dein …

Ideen:
- Name, Vorname;
- Alter;
- Wohnort (Straße + Stadt);
- Persönlichkeit;
- Schule und Klasse;
- AGs;
- Hobbys.

Du fragst nach:
- Alter;
- Schule und Klasse;
- AGs;
- Hobbys.

Schreibhilfen:
- Schick mir bitte dein Foto!
- Schreib mir bald / schnell!
- Gib mir bitte deine E-Mail-Adresse!

Aktion 2

LEHRBUCH, S. 34-35

Praxis Doktor Föhler

Hör dir den Dialog an!

1. Wo tut's Alex weh?

☐ Am rechten Arm. ☐ Am linken Arm. ☐ Am linken Fuß. ☐ Am rechten Fuß.

2. Was hat er?

☐ Er blutet.

☐ Er ist verrenkt.

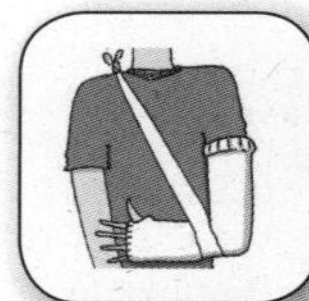

☐ Er ist gebrochen.

3. Was ist problematisch? Verbinde!

für die Mutter •	• das Wochenende
für Alex •	• die Schule

4. Was kann Alex nicht tun? Und wie lange?

Er kann .... Tage lang nicht ....

5. Was kann er immerhin noch tun?

Er kann immerhin noch ....

Melodien

Wo hörst du „z" und wo hörst du „ß"? Schreib ein „ß" oder ein „z" (groß oder klein)!

a. Öffnungs___eiten b. Stra___e c. hei___en d. ___oo e. ___ähne
f. Notruf___entrale g. Fu___ball h. Schlag___eug i. Fü___e j. ___usammen

Interaktionen

Schreib dir hier deine neue Identität und die deiner MitschülerInnen!

Ich heiße .... Mein Familienname ist ....
Ich wohne in .... Ich komme aus ....
Ich bin .... (Jahre alt).

Und hier die deiner Mitschüler/Innen, wenn du ein Profil fertig hast.

....	....	....	....
....	....	....	....
....	....	....	....
....	....	....	....
....	....	....	....
....	....	....	....
....	....	....	....

Unter der Lupe

LEHRBUCH, S. 36

Fußball und Mädchen

1. Lies den Steckbrief im Buch!

a. Ergänze zuerst die erste Spalte mit deinem eigenen Steckbrief!

b. Frag dann einen/eine MitschülerIn und schreib in die zweite Spalte seinen/ihren Steckbrief!

	ICH	MITSCHÜLER/IN
Name	....	....
Vorname	....	....
Wohnort	....	....
Alter	....	....
Nationalität	....	....
Größe	....	....
Schuhgröße	....	....
Hobbys	....	....
Lieblings...	....	....
Lieblings...	....	....
Welche Promis möchtest du gern kennen lernen?	....	....

2. Die Ergebnisse der Bundesliga

a. Welcher Spieltag ist es?

☐ Der 5. ☐ Der 6. ☐ Der 7.

b. Ergänze mit den Ergebnissen folgende Tabelle.

Fußball Bundesliga	
WfL Wolfsburg – Bayern München	
Werder Bremen – Borussia M'gladbach	
Eintracht Frankfurt – Hamburger SV	
1. FC Nürnberg – FSV Mainz 05	1 : 1
Alemannia Aachen – VfL Bochum	
Arminia Bielefeld – Energie Cottbus	
Borussia Dortmund – Hannover 96	2 : 2
Bayer Leverkusen – FC Schalke 04	
Hertha BSC Berlin – VfB Stuttgart	

c. Wie viele Spiele sind am folgenden Tag? ....

Unter der Lupe

LEHRBUCH, S. 36

Fußball und Mädchen

Extra plus

1. Lis les textes suivants et réponds ensuite aux questions.

Hallo! Wir sind die ISF-Schüler-Redaktion! Wir heißen Rike, Carina, Jana, Christine, Luisa und Marlen. Und wir freuen uns darauf, mit euch jeden 1. und 3. Sonntag im Monat von 17 - 18 Uhr zu chatten!

Hi!

Mein Name ist Marlen. Ich bin 16 Jahre alt und gehe in Paderborn (NRW) in die 11. Klasse.
In meiner Freizeit jogge ich, gehe ich zum Schwimmen oder ich mache Step-Aerobic. Meine liebste Sportart ist aber Fußball. Meine Freundinnen und ich treffen uns einmal pro Woche, um zu trainieren, und wir laufen zusammen. Und wenn ich Zeit habe, höre ich auch gerne Musik.
Und jetzt wünsche ich euch viel Spaß auf unserer Webseite!
Mit sportlichem Gruß

Eure Marlen

Hey, nun will ich mich auch mal vorstellen!

Also, ich heiße Carina und bin dieses Jahr 17 Jahre alt geworden. Ich bin 1,66 m groß. Ich gehe in die 11. Klasse im Mauritius-Gymnasium.
Zu meinen Hobbys gehört natürlich Fußball. Weitere Hobbys sind Step-Aerobic und Schwimmen. Ich bin auch viel und gern mit anderen zusammen. Also gehe ich auch ganz gerne mal am Wochenende mit meinen Freunden weg.
Wenn ihr Fragen habt, dann freue ich mich, wenn ihr mir schreibt.
Bis dahin.

Eure Carina

a. De quoi s'occupent Rike, Carina, Jana, Christine, Luisa et Marlen ?

....

b. Quand peut-on chatter avec elles ?

....

c. Complète les fiches signalétiques de Marlen et Carina.

Prénom	Marlen	Carina
Âge		
Taille		
Classe		
Sport préféré		
Loisirs	– .... – .... – .... –	– .... – .... – ....

Extra plus

4. (11) Écoute l'interview des « Sportfreunde Stiller » !

a. Quelle opération font-ils ? Coche la bonne réponse.

☐ 54 x 73 – 1952 ☐ 54 x 74 – 1990 ☐ 56 x 71 – 2002 ☐ 58 x 68 – 1990

b. Quel en est le résultat ? ....

Unter der Lupe

LEHRBUCH, S. 37

Tor! Deutschland ist Weltmeister!

1. Welcher Satz passt zu welchem Foto? Schreib die Texte (sieh Seite 37 im Lehrbuch!) unter die Fotos!

1. „Wir sind die Nationalelf."
2. „Hallo, ich bin der Matthias und ich wohne in Essen."
3. „Tor! Deutschland 3 - Ungarn 2."
4. „Mit meinen Schulfreunden spiele ich gern auf der Straße Fußball."
5. „ 1954: Deutschland ist Weltmeister!"
6. „Wir spielen das WM-Finale in Bern."

2. **Légende le dessin à l'aide des mots suivants :** *der Ball, der Elfmeterpunkt, der Fan, der Kopfball, ~~der Schiedsrichter~~, der Spieler, das Stadion, das Tor, der Torwart, die Tribüne.*

Grammitraining

LEHRBUCH, S. 38

1. **Retrouve le genre et les formes au singulier des noms suivants. Tu peux t'aider de ton lexique.**

.... Kinder	.... Mädchen	.... Schüler
.... Mitglieder	.... Texte	.... Fußbälle
.... Länder	.... Wochen	.... Spiele
.... Filme	.... Fahrräder	.... Tage

2. **Complète la grille en conjuguant les verbes.**

Infinitif	sehen	fahren	haben	können	wollen
ich		fahre			
du	siehst				
er/es/sie				kann	
wir					wollen
ihr					
sie/Sie					

3. **Complète en conjuguant le verbe entre parenthèses.**

a. Alex .... nicht schwimmen gehen. *(können)*
b. Lola .... nicht laufen, sie ist k.o. *(wollen)*
c. Erik .... einen Horrorfilm im Fernsehen. *(sehen)*

d. Ich .... nicht kommen. *(können)*

e. Und Sie Frau Hügel, ... Sie kommen? *(können)*

f. Wir .... ins Kino gehen. *(wollen)*

g. .... ihr auch mit ins Kino kommen? *(können)*

h. Die Kinder .... das nicht lesen. *(können)*

i. .... du (sehen), du .... doch ins Theater gehen. *(können)*

j. Ich .... Kopfschmerzen. *(haben)*

4. Retrouve l'infinitif du verbe de chacune de ces expressions.

a. Komm! ....

b. Zeig mal! ....

c. Trainier! ....

d. Such die Infos! ....

e. Antworte spontan! ....

f. Ergänze den Satz! ....

g. Finde andere Orte! ....

h. Schreib die Zahlen! ....

Aktion 3

LEHRBUCH, S. 39

Am Nachmittag bei Alex

13 **Was ist richtig? Kreuze an! Beantworte auch die letzte Frage!**

1. Wer kommt zu Alex?

☐ Jana ☐ Laura ☐ Sophie

2. Wie geht es ihm?

☐ Er kann jetzt wieder mit den Anderen schwimmen gehen.

☐ Er kann immer noch nicht mit den Anderen schwimmen gehen.

3. Welchen Film wollen sie sich anschauen?

☐ „Die wilden Kerle 3" ☐ „Da Vinci Code" ☐ „Fluch der Karibik 2"

4. Wie wollen sie die Uhrzeiten bekommen?

☐ Sie rufen die Hotline des Kinos an.

☐ Sie schauen im Internet nach.

☐ Sie gehen direkt ins Kino.

5. Wie lautet die Telefonnummer? ....

Ce que je sais...

LEHRBUCH, S. 40-41

Tu veux ...

1. dire ce que tu aimerais faire :
   .... 0 | 1 | 2
2. indiquer quel est ton sport préféré :
   .... 0 | 1 | 2
3. indiquer quand passe un film (jour et heure) :
   .... 0 | 1 | 2
4. indiquer le lieu et l'heure d'un rendez-vous :
   .... 0 | 1 | 2
5. dire ce qui te fait mal (par exemple, le pied gauche) :
   .... 0 | 1 | 2
6. souhaiter à quelqu'un un bon rétablissement et lui dire au revoir :
   .... 0 | 1 | 2
7. demander à quelqu'un ce qu'il fait à telle heure :
   .... 0 | 1 | 2
8. demander à quelqu'un ce qu'il voudrait faire :
   .... 0 | 1 | 2
9. demander à quelqu'un comment il va :
   .... 0 | 1 | 2
10. demander à quelqu'un où il a mal :
    .... 0 | 1 | 2

Punktestand : ... / 20

Wie gut du bist!

Zertifikation A1

LEHRBUCH, S. 40-41

Lesen

Was ist richtig? Was ist falsch? (Sieh im Lehrbuch, S. 40!) Kreuze an!

	R	F	0	2
1. Das Mädchen heißt Heike.				
2. Sie ist 13.				
3. Sie schreibt über Sport im Internet.				
4. Sie geht in die 13.				
5. Sie schießt viele Tore.				
6. Sie spielt ein Instrument.				
7. Sie ist gern mit Freunden zusammen.				
8. Sie mag Sport.				
9. Sie isst nicht gern Pizza.				
10. Sie schreibt Artikel über Fußballstars.				

Punktestand : ... / 20

⩾ 50 % = ☺

Hören

Was passt zusammen? Nummeriere die Aussagen!

a. Der Arm tut Florian weh.	
b. Der Radfahrer wurde am Fuß operiert.	
c. Sie wollen Weltmeister im Surfen werden.	
d. Der Box-Profi trainiert an der Fulda.	
e. Das Kind hat ständig Kopfschmerzen.	
f. Es ist ein Ex-Schwimmstar.	
g. Fans sehen ihre Lieblingsmusikgruppe.	
h. Sein Bein ist gebrochen.	
i. Es sind die Weltmeisterschaften im Reiten.	
j. Wasserski ist sein Hobby.	

0	2

Punktestand : ... / 20

⩾ 50 % = ☺

Töne und Klänge

LEHRBUCH, S. 42

14 Melodien

Hör dir das Gedicht an und schreib es in die richtige Reihenfolge!

Ach, würde er zum Zahnarzt gehen,

dann könnte jeder das verstehen.

Mein Bruder Hans hat einen Zahn

mit einem Loch wie ein Vulkan

....

....

....

....

Kapitel 3

Aktion 1

LEHRBUCH, S. 43

Radtour durch den Stadtwald

Hör dir zuerst den Dialog an! Was ist richtig? Kreuze die richtigen Antworten an!

1. Wer fährt Fahrrad? ☐ Alex und Tim. ☐ Jana und Tim. ☐ Alex und Jana.

2. Sie haben ein Problem mit dem Fahrrad. Welches?
☐ Eine Lampe ist kaputt. ☐ Alex' Fahrrad ist platt. ☐ Die Bremse funktioniert nicht.

3. Wie ist das Wetter?

☐ Die Sonne scheint.

☐ Es regnet und donnert.

☐ Es schneit.

Melodien

Hörst du in den folgenden Wörtern ein kurzes oder ein langes „a"? Schreib ●, wenn es kurz ist, und –, wenn es lang ist!

a. ☐ b. ☐ c. ☐ d. ☐ e. ☐
f. ☐ g. ☐ h. ☐ i. ☐ j. ☐

Auf Wörtertournee

LEHRBUCH, S. 44

1. So ein Pech!

Écris en toutes lettres le nom correspondant à la vignette. Aide-toi du lexique pour ajouter l'article.

ERSTE-HILFE-..............................

..............................TUCH (-n-)

SPORT..............................

-TASCHE-

SCHUL..............................

..............................LAMPE (-n-)

..............................MESSER (-n-)

2. Tims Familie

Regarde l'arbre généalogique de la famille Rieper pour répondre en allemand aux questions suivantes.

a. Wie viele Kinder haben Helmut und Lisa? ....

b. Wie heißen sie? ....

c. Wie viele Enkelkinder haben sie? ....

d. Wie heißen die Mädchen und wie heißen die Jungen? ....

....

e. Wie heißt Elisas und Marcos Onkel? ....

f. Wie viele Geschwister hat Tim? ....

g. Wer ist Gesas Bruder? ....

h. Wer ist Dirks Schwester? ....

Auf Wörtertournee

LEHRBUCH, S. 45

Im Supermarkt

Ein Kassenbon

Was haben Marion und Karolin gekauft? Füll den Kassenbon aus!

Waldi Nord – Baunatal
Friedrich-Ebert-Allee 33
34245 Baunatal

Artikel	Preis
–	2,49 €
–	1,99 €
–	0,70 €
–	1,69 €
–	0,99 €
–	3,99 €
Gesamtsumme:	....
Bar:	15,00 €
Rückgeld:	....

VIELEN DANK FÜR IHREN BESUCH!
IHR WALDI-TEAM IN BAUNATAL

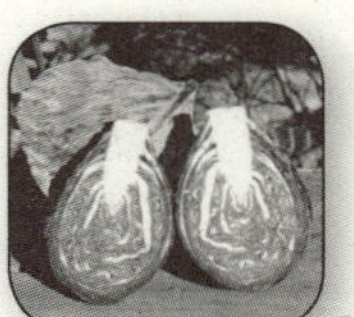

Spielecke

Wechselpiel

PARTNER A

Informationen fehlen. Frag deinen Partner! (Partner B auf Seite 50 des Übungshefts)
Was isst ... gern? Was trinkt ... gern?

Person	Essen?	Trinken?
Alex	Kuchen	....
Tim	....	Orangensaft
Jana	Eis	....
Herr Schatz	....	Mineralwasser
Frau Lehmann	Reis	....
Frau Koschka	....	Kaffee
Herr Mang	Brot mit Käse	....
Leon	....	Cola

Atmosphären

LEHRBUCH, S. 46

Bei Familie Schröder

Lies den Text auf Seite 46 und beantworte dann die Fragen!

1. **Wie heißt die Familie?** ....

2. **Informationen fehlen. Finde sie im Text und ergänze die Tabelle!**

Vorname	Alter	Geburtsort
Gerhard		@ *(Siehe Übung 7)*
	15	

3. **Wie viele Kinder haben die Schröders?** ....

4. **Wo wohnen die Schröders? In** ....

5. **Folgende Wörter sind im Text. Aber wer ist das? Kreuze an!**

	Gerhard	Doris	Gregor	Viktoria	Klara
a. der Altbundeskanzler	☐	☐	☐	☐	☐
b. die Ehefrau	☐	☐	☐	☐	☐
c. das Ehepaar	☐	☐	☐	☐	☐
d. das neue Adoptivkind	☐	☐	☐	☐	☐
e. der einjährige Junge	☐	☐	☐	☐	☐
f. die Journalistin	☐	☐	☐	☐	☐
g. die Adoptiveltern	☐	☐	☐	☐	☐

h. das russische Mädchen	☐	☐	☐	☐	☐
i. Familie Schröder	☐	☐	☐	☐	☐
j. der Politiker	☐	☐	☐	☐	☐
k. die Tochter aus erster Ehe	☐	☐	☐	☐	☐
l. die Adoptivkinder	☐	☐	☐	☐	☐

6. Ergänze mit folgenden Wörtern!

Kind / Kinder / Adoptivkind / Kinderheim / Kindernothilfe / Kinder-Glück

a. Familie Schröder hat drei ....

b. Frau Schröder engagiert sich für ....

c. Neues .... bei Familie Schröder!

d. Die Schröders haben ein zweites .... adoptiert.

e. Gregor kommt aus einem russischen ....

f. Gregor ist das neue .... von dem Ehepaar Schröder.

7. Such folgende Informationen im Internet www.bordas-tor.fr**!**

a. Wo ist Gerhard Schröder geboren? In ....

b. Wann war Schröder Bundeskanzler? Von 19 .... bis ....

c. Wo ist Doris Schröder-Köpf geboren? In ....

Atmosphären

LEHRBUCH, S. 46

Extra plus

Bei Familie Schröder

Doris Schröder-Köpf (am 5. August 1963 geboren) ist eine deutsche Journalistin und Buchautorin. Sie ist mit Gerhard Schröder (von 1998 bis 2005 Bundeskanzler) verheiratet.

Schröder-Köpf ist die Tochter eines Mechanikermeisters und einer Hausfrau und sie hat einen Bruder namens Alfred. Aus ihrer ersten Verbindung mit dem ARD-Korrespondenten Sven Kuntze, mit dem sie 1990 und 1991 in New York lebt, hat Doris Schröder-Köpf eine Tochter, Klara. Diese wird 1991 in New York geboren und lebt bei ihrer Mutter und Gerhard Schröder. Mit ihrem Mann adoptiert Schröder-Köpf 2004 die dreijährige Viktoria aus Sankt Petersburg und 2006 ein weiteres Kind namens Gregor. Die Familie lebt im hannoverschen Zooviertel.

Doris Schröder-Köpf absolviert von 1982 bis 1984 ein Volontariat bei der *Augsburger Allgemeinen Zeitung* und von 1984 bis 1987 arbeitet sie dort als Redakteurin. 1987 geht sie zur *Bild*-Zeitung und ist Parlamentskorrespondentin in Bonn. 1992 wechselt sie zum Magazin *Focus* ins Ressort Innenpolitik. Sie unterstützt diverse Kinder- und Jugendprojekte (*Die Nummer gegen Kummer ...*).

1. Lis le texte et complète cet extrait de sa biographie en indiquant les années.

a. .... : année de naissance de Doris Köpf

b. de .... à .... : formation de journaliste

c. de .... à .... : rédactrice au journal *Augsburger Allgemeine Zeitung*

d. de .... à .... : correspondante à Bonn pour le journal *Bild*

e. de .... à .... : vit et travaille à New-York

f. .... : naissance de sa fille Klara

g. .... : journaliste au magazine *Focus*

h. de .... à .... : son mari est chancelier fédéral

i. .... : adoption de Viktoria

j. .... : adoption d'un autre enfant

2. Relis le texte et complète en indiquant le prénom ou / et le lien avec Doris Schröder-Köpf.

Doris Schröder-Köpf (Journalistin)

- der Vater (Mechaniker)
- .... Klara
- .... (Hausfrau)
- 1. Mann .... (Journalist)
- ....
- 1. Adoptivkind ....
- 2. Mann .... (Altkanzler)
- .... Alfred

Atmosphären

LEHRBUCH, S. 47

Familien von Heute

Welcher Satz passt zu welchem Hörtext?

a. Die Familie wohnt in Berlin. Hörtext ....

b. Die Mutter Marion ist alleinerziehend. Hörtext ....

c. Der Vater heißt Andreas und die Mutter Tanja. Hörtext ....

d. Marcel hat eine Zwillingsschwester: Lisa. Hörtext ....

e. In der Familie sind fünf Jungen: Maximilian, Robert-Heinz, Bastian, Mirco und Dennis. Hörtext ....

Hör dir den Text 1 an und beantworte folgende Fragen!

1. Ergänze den Stammbaum mit Hilfe der Vornamen aus der Liste! Kreuze dann das richtige Alter an!

Andrea, Andreas, Daniel, Dominik, Marco, Marius, Sabrina, Saskia, Tanja, Tamara

die Mutter .... ☐ 30 ☐ 31 ☐ 32 ☐ 33

der Vater .... ☐ 30 ☐ 31 ☐ 32 ☐ 33

die Tochter .... ☐ 2 ☐ 4 ☐ 6 ☐ 8

der 1. Sohn .... ☐ 2 ☐ 4 ☐ 6 ☐ 8

der 2. Sohn .... ☐ 2 ☐ 4 ☐ 6 ☐ 8

2. Was macht die Mutter heute? Kreuze an!

☐ Putzfrau ☐ Hausfrau ☐ Hausmann

3. Was ist der Vater von Beruf? Kreuze an!

☐ Busfahrer ☐ LKW-Fahrer ☐ Taxifahrer

Hör dir den Text 2 an und beantworte folgende Fragen!

1. Wo wohnt Familie Geneisen? Kreuze an!

☐ in Cuxhaven ☐ in Lübeck ☐ in Leverkusen ☐ in Friedrichshafen

2. Ergänze den Stammbaum mit Hilfe der Vornamen aus der Liste!
Kreuze dann das richtige Alter an!
Agathe, Beate, Marco, Maria, Marina, Marion, Marius, Martina, Marvin, Renate

die Oma ....
☐ 56 ☐ 61 ☐ 65

die alleinerziehende Mutter ....
☐ 24 ☐ 27 ☐ 29

1. Kind ....
☐ 5 ☐ 7 ☐ 9

2. Kind ....
☐ 2 ☐ 3 ☐ 4

Hör dir den Text 3 an und beantworte folgende Fragen!

1. Wo wohnt Familie Gattnerek? Kreuze an!

☐ in der Nähe von Bielefeld ☐ in der Nähe von Bietigheim
☐ in der Nähe von Bitburg ☐ in der Nähe von Bitterfeld

2. Wie heißt die Mutter? Wie alt ist sie? Kreuze an!

☐ Conni ☐ Corinne ☐ Natalie ☐ Stefanie
☐ 23 ☐ 34 ☐ 42 ☐ 43

3. Wie heißt der Ehemann? Was ist er von Beruf? Kreuze an!

☐ Bernhard ☐ Ingolf ☐ Hermann ☐ Olaf
☐ Bauarbeiter ☐ Bergarbeiter ☐ Montagearbeiter ☐ Hafenarbeiter

4. Sie haben drei gemeinsame Kinder. Wie heißen sie? Kreuze an!

☐ Maximilian ☐ Mirco ☐ Marvin ☐ David
☐ Daniel ☐ Dennis ☐ Bastian ☐ Robert Heinz

5. Die Mutter hat zwei Kinder aus erster Ehe? Wie heißen sie? Kreuze an!

☐ Maximilian ☐ Mirco ☐ Marvin ☐ David
☐ Daniel ☐ Dennis ☐ Bastian ☐ Robert Heinz

Hör dir den Text 4 an und beantworte folgende Fragen!

1. Wo wohnt Familie Göri?

In ....

2. Wie heißt die Mama? Wie alt ist sie? Kreuze an!

☐ Anke ☐ Agnes ☐ Antje ☐ Anne
☐ 21 ☐ 23 ☐ 31 ☐ 32

3. Sie will Lehrerin werden. Was studiert sie an der Universität? Kreuze an (x 2)!

☐ Deutsch ☐ Englisch ☐ Physik ☐ Sport

4. Wie heißt der Freund? Wie alt ist er? Kreuze an!

☐ Bruno ☐ Bernhard ☐ Marcos ☐ Markus

☐ 21 ☐ 23 ☐ 31 ☐ 32

5. Wo arbeiten die beiden? Kreuze an!

☐ In einem Filmstudio ☐ In einem Fotostudio ☐ In einem Fitnessstudio

6. Der Freund hat ein Kind. Wie heißt es? Wie alt ist es? Kreuze an!

Lisa ☐ ☐ 10
Bruno ☐ ☐ 11
Luka ☐ ☐ 12
Lena ☐ ☐ 13
Marcos ☐ ☐ 14
Mario ☐ ☐ 15

Hör dir den Text 5 an und beantworte folgende Fragen!

1. Wo wohnt Familie Neubert? Kreuze an!

☐ in Düsseldorf ☐ in Duisburg ☐ in Dortmund ☐ in Dresden

**2. Ergänze den Stammbaum mit Hilfe der Vornamen aus der Liste!
Kreuze dann das richtige Alter an!**
Anna, Lena, Lisa, Marcel, Martin, Sabrina, Sandra, Sascha, Ute, Uwe

die Mutter .... ☐ 31 ☐ 34 ☐ 37 — der Stiefvater .... ☐ 31 ☐ 34 ☐ 37

der Sohn .... ☐ 9 ☐ 15 ☐ 19

die Tochter .... ☐ 9 ☐ 15 ☐ 19

3. Wer macht was gern? Schreib die Vornamen und verbinde!

.... •
.... •
.... •
.... •

• tanzen
• auf dem Spielplatz spielen
• mit der Spielkonsole spielen
• Fußball spielen
• Fan von BVB (Borussia Dortmund) sein

Atmosphären

LEHRBUCH, S. 47

Familien von Heute

Extra plus

1. (Schüler 15) Écoute le premier document sonore et réponds aux questions suivantes.

a. Où habite la famille Eberhard ? Coche la bonne réponse.

☐ à Bochum ☐ à Berlin ☐ à Bonn ☐ à Bergen

b. Quels sont les prénoms des parents et des enfants ? Coche dans le tableau suivant les bonnes réponses.

La mère	Le père	Les enfants
☐ Anna	☐ Eckhardt	☐ Eberhard
☐ Eva	☐ Gerrit	☐ Jan
☐ Maria	☐ Jan	☐ Julius
☐ Sandra	☐ Julius	☐ Oskar
☐ Susanne	☐ Oskar	☐ Oliver

Extra plus

2. Écoute le deuxième document sonore.

Voici l'arbre généalogique de la famille Matana. Coche l'âge de chacun.

Britta
☐ 42 ☐ 43 ☐ 44 ☐ 45

Marc
☐ 10 ☐ 12 ☐ 16 ☐ 18

David
☐ 6 ☐ 10 ☐ 12 ☐ 14

Anna
☐ 4 ☐ 6 ☐ 10 ☐ 12

Extra plus

3. Écoute le troisième document sonore et réponds aux questions suivantes.

a. Où habite la famille Olezinak ? Coche la bonne réponse.

☐ à Berlin ☐ à Bonn ☐ à Borken ☐ à Bergen

b. Voici l'arbre généalogique de la famille Olezinak. À l'aide de la liste, écris les prénoms de chacun.

Anna, Dagmar, Daniel, David, Doris, Sonjak, Tamara, Tanja, Torsten, Theo

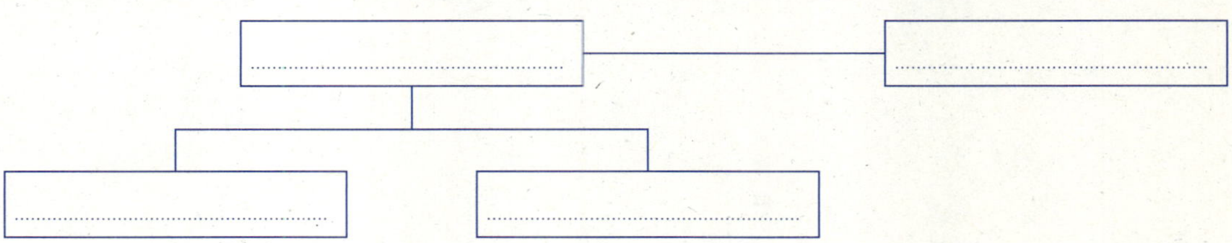

c. Quelle est la profession du père ? ....

Miteinander

LEHRBUCH, S. 49

Im Schüleratelier

Eine Fantasiefamilie

Notiere, wie deine Familie mit den Vorschlägen der Anderen zusammengestellt ist!

Ich heiße Thomas. Mein Vater ist 43 und ist LKW-Fahrer…

Ich heiße Barbara. Ich habe zwei Geschwister. Mein Bruder heißt Martin…

Ich heiße ....

....

....

....

....

....

....

Du kannst dann deinen Fantasiestammbaum zeichnen. Falls Informationen fehlen, kannst du jemand anders fragen (sieh Seite 44 im Lehrbuch!)

Mein Fantasiestammbaum

Ich

....

Aktion 2

LEHRBUCH, S. 50

Zum ersten Mal bei Familie Hügel

Hör dir zuerst den Dialog an!

1. Was ist richtig? Was ist falsch? Korrigiere dann die falschen Aussagen!

	Richtig	Falsch
a. Alex und Tim sind total nass.	☐	☐

....

	Richtig	Falsch
b. Tims Fahrrad hat einen Platten.	☐	☐
c. Tim ist zum ersten Mal bei Familie Hügel.	☐	☐
d. Alex hat zwei Schwestern.	☐	☐
e. Sie heißen Maike und Siska.	☐	☐
f. Sie sind beim Kaffeetrinken und essen leckeren Kuchen.	☐	☐
g. Sie können Orangensaft, Tee oder Kakao trinken.	☐	☐
h. Tim hat einen Bruder und eine Schwester.	☐	☐

Melodien

Wo hörst du ein „k" ? Wo hörst du ein „g" ?
Beispiel : Kino Gitarre

a. ips	**b.** akao	**c.** önnen	**d.** ut	**e.** inder
f. eschwister	**g.** uchen	**h.** anu	**i.** rüße	**j.** ehen

Interaktionen

Was weißt du jetzt über Marion? Und über Karolin? Schreib ihre Steckbriefe!

NAME **HÜGEL**
VORNAME **Marion**
ALTER
SCHULE
KLASSE
LIEBLINGSESSEN
LIEBLINGSGETRÄNK
LIEBLINGSMUSIK
HOBBYS

NAME **HÜGEL**
VORNAME **Karolin**
ALTER
SCHULE
KLASSE
LIEBLINGSESSEN
LIEBLINGSGETRÄNK
LIEBLINGSMUSIK
HOBBYS

Unter der Lupe

LEHRBUCH, S. 52

Erich Kästner und die Detektive

Lies alle Texte auf Seite 52!
Was ist richtig? Was ist falsch? Korrigiere die falschen Aussagen!

	Richtig	Falsch
a. Kästner heißt Erich mit Vornamen.	☐	☐
b. Er schreibt Comics für Kinder.	☐	☐
c. Seine Eltern heißen Ida und Erich.	☐	☐
d. „Emil und die Detektive" ist ein Kinderroman von Erich Kästner.	☐	☐
e. „Emil und die Detektive" ist auch ein Film.	☐	☐
f. „Emil und die Detektive" ist ein internationaler Erfolg.	☐	☐
g. Im Film spielt Kai Wiesinger die Rolle von Emil.	☐	☐
h. Emil ist dreizehn Jahre alt.	☐	☐
i. Emil lebt bei seinem Vater.	☐	☐
j. Gustavs Mutter ist Lehrerin.	☐	☐
k. Max Grundeis ist ein netter Mensch.	☐	☐
l. Der Film spielt in Kassel.	☐	☐
m. Der Gangster nimmt Emil sein Geld weg.	☐	☐
n. Pony und ihre Freunde wollen Emil helfen.	☐	☐

Unter der Lupe

LEHRBUCH, S. 52

Erich Kästner und die Detektive

Extra plus

Wer sind Pony und ihre Freunde?

Lis les textes à propos des acteurs qui jouent dans le film « Émile et les détectives », puis complète le tableau.

1. Anja Sommavilla (als Pony Hütchen) ist dreizehn Jahre alt. Sie lebt mit ihren italienischen Eltern in München. Sie spricht Deutsch und Italienisch. Sie ist sehr sportlich und tanzt gern. Pony ist ihre erste Rolle in einem Kinofilm.

2. Der elfjährige Maximilian Befort (als Gypsi) steht mit zehn Jahren das erste Mal im Schultheater auf der Bühne und spielt die Rolle des Emil. Im Film ist Gypsi ein Junge aus einer rumänischen Großfamilie mit dreizehn oder vierzehn Geschwistern.

3. Der dreizehnjährige David Klock (als Gustav Hummel) wohnt in Mainz. Im Film ist er ein Computerfan und er hilft seiner chaotischen Mutter.

4. Sergej Moya (als Flügel) ist dreizehn und wohnt in Berlin. Er ist sehr sportlich, hat Balletterfahrung, tanzt Modern Jazz und Break Dance und spielt im Schultheater mit.

5. Der dreizehnjährige Tobias Unkauf (als Dienstag) spielt in diversen Fernsehfilmen mit. Im Film ist seine Familie sehr reich. Der Hund Lotti ist sein bester Freund.

6. Der vierzehnjährige Maurice Kumar (als Kebab) wohnt in Köln. Seine Hobbys sind Hockey und Fußball. Außerdem kocht er gern. Im Film ist er ein türkischer Breakdancer.

7. Der vierzehnjährige Tim Hansen (als Krumbiegel) lebt in Hamburg. Er spielt in mehreren Fernsehfilmen mit. In seiner Freizeit segelt er gern. Im Film sind Comics seine Lieblingslektüre.

8. Die Zwillinge Anita und Annika Schulz (als Fee und Elfe) sind vierzehn und wohnen in Berlin. Sie spielen Klavier und sind sehr sportlich: Sie laufen Schlittschuh.

Text	Nachname	Vorname	Alter	Wohnort	Hobbys	Rolle im Film
1	....	Anja	....	....	– .... –	Pony Hütchen
2	....	....	....		Theater	....
3	....	....	....	....		....
4	....	....	....	Berlin	– .... – .... – .... –	....
5	....	....	....			....
6	....	....	14	....	– .... – .... –	....
7	....	....	....	....	–	....
8	Schulz	– .... –	....	....	– .... –	....

Unter der Lupe

LEHRBUCH, S. 53

Emil und die Detektive

1. Emils Familie

Was ist richtig? Kreuze an!

a. Bei wem lebt Emil?

☐ bei der Mutter ☐ bei der Oma ☐ bei dem Vater

b. Wer schreibt den Brief?

☐ die Mutter ☐ die Oma ☐ der Vater

c. Was schickt die Mutter?

☐ ein Foto ☐ Geld ☐ einen Hund

2. Tobias bei den Dreharbeiten

Schreib unter jedes Foto den richtigen Namen!

das Brandenburger Tor | der Fernsehturm | die Galeries Lafayette | die Gedächtniskirche | der Reichstag | die Spree

1

....

2

....

3

....

4

....

5

....

6

....

Grammitraining

LEHRBUCH, S. 54

1. Inscris la forme verbale qui convient pour exprimer le souhait.
*Was **möchtet** ihr jetzt machen?*

a. Ich .... ins Kino gehen.

b. Und du, was .... du?

c. Wir beide .... schwimmen gehen.

d. Ok, und was .... die Jungen?

e. Alex .... skaten, aber Tim .... Schach spielen.

2. Inscris la forme verbale qui convient pour exprimer le souhait.
*Wir **hätten gern** ein Stück Kuchen!*

a .... du gern eine Pizza?

b. Und ihr, ... ihr auch gern eine Pizza?

c. Ja, warum nicht? Aber Tim .... bestimmt gern Würstchen!

d. Ich .... gern eine Tasse Kakao.

e. Und Sie, Frau Rieper, was .... Sie gern?

3. Transforme comme dans le modèle.
der Tee: → *Ich hätte gern **einen Tee**!*
→ *Schau, da ist **der Tee**!*

a. die Cola – ....
– ....

b. das Mineralwasser – ....
– ....

c. der Orangensaft – ....
– ....

d. das Butterbrot – ....
– ....

e. der Kaffee – ....
– ....

4. Relie les groupes nominaux correspondants.

sein Name •	• his family
sein Freund •	• her school
ihre Familie •	• his name
seine Schule •	• her name
ihre Schule •	• her family
ihr Name •	• his friend
seine Familie •	• her friend
ihr Freund •	• his school

AKTION 3

LEHRBUCH, S. 55

Özge und Laura am Telefon

20 **Hör dir den Dialog an! Was ist richtig? Kreuze die richtigen Antworten an!**

1. Was für ein Problem hatte Özge heute?

☐ Sie hatte Halsschmerzen. ☐ Sie hatte Zahnschmerzen. ☐ Sie hatte Kopfschmerzen.

2. Was organisieren die Freunde?

☐ eine Grillparty ☐ eine Halloweenparty ☐ eine Fahrradtour

3. Bei wem ist das Fest?

☐ bei Laura ☐ bei Elias ☐ bei Alex

4. Ab wie viel Uhr treffen sie sich?

☐ ab 17 Uhr ☐ ab 18 Uhr ☐ ab 19 Uhr

5. Was findet Özge super?

☐ Elias kommt mit. ☐ Thomas kommt mit. ☐ Tobias kommt mit.

6. Was macht Laura?

☐ einen Kartoffelsalat ☐ einen Kopfsalat ☐ einen Nudelsalat

7. Was bringt Özge mit?

☐ einen Apfelkuchen ☐ einen Käsekuchen ☐ einen Schokoladenkuchen

Spielecke

Wechselpiel

PARTNER B

Informationen fehlen. Frag deinen Partner! (Partner A auf Seite 38 deines Übungshefts.)

Was isst ... gern? Was trinkt ... gern?

Person	Essen?	Trinken?
Alex	....	Cola
Tim	Käse	....
Jana	....	Orangensaft
Herr Schatz	Wiener Würstchen	....
Frau Lehmann	....	Tee
Frau Koschka	Salat	....
Herr Mang	....	Apfelschorle
Leon	Kuchen	....

Ce que je sais...

LEHRBUCH, S. 56-57

Tu veux ...

1. présenter quelqu'un de ta famille (prénom + âge) :
.... 0 1 2

2. parler des loisirs de quelqu'un (frères, sœurs, parents ...) :
.... 0 1 2

3. donner le prix d'une boisson :
.... 0 1 2

4. dire ce que tu aimerais manger :
.... 0 1 2

5. dire qu'il pleut :

.... | 0 | 1 | 2 |

6. t'excuser de ton retard :

.... | 0 | 1 | 2 |

7. demander à quelqu'un ce qu'il aimerait boire :

.... | 0 | 1 | 2 |

8. demander à quelqu'un un prix :

.... | 0 | 1 | 2 |

9. demander à quelqu'un la profession de ses parents :

.... | 0 | 1 | 2 |

10. demander à quelqu'un s'il a son téléphone portable sur lui :

.... | 0 | 1 | 2 |

Punktestand : ... / 20

Wie gut du bist!

Zertifikation A1

LEHRBUCH, S. 56-57

Hören

Welche Antwort ist richtig? Kreuze an!

	0	2
a. Wie heißt das Mädchen? ☐ Jana Schnieders ☐ Paula Schnieders ☐ Laura Schnieders		
b. Wo wohnt sie? ☐ in Konstanz ☐ in Kassel ☐ in Köln		
c. Wie alt ist sie? ☐ 14 ☐ 15 ☐ 16		
d. Wie heißen ihre Geschwister? ☐ Julia ☐ Linda ☐ Julian		
e. Welche Schule besucht sie? ☐ das Goethegymnasium ☐ das Friedrichsgymnasium ☐ das Erich-Kästner-Gymnasium		
f. In welche Klasse geht sie? ☐ in die 9. ☐ in die 10. ☐ in die 11.		
g. Welche AG macht sie? ☐ die Ruder-AG ☐ die Informatik-AG ☐ die Theater-AG		
h. Welche Hobbys hat sie? ☐ Kino ☐ Theater ☐ Reiten		
i. Was trinkt sie gern? ☐ Milch ☐ Orangensaft ☐ Cola		
j. Was isst sie gern? ☐ Sie isst sehr gern italienisch. ☐ Sie isst sehr gern französisch. ☐ Sie isst sehr gern chinesisch.		

Punktestand : ... / 20 ≥ **50 %** = ☺

Lesen

Was ist richtig? Was ist falsch? Kreuze an! (Sieh Seite 56 im Lehrbuch!)

	Richtig	Falsch	0	2
a. Sebastian ist 12 Jahre alt.				
b. Sein Vater heißt Fred.				
c. Fred hat zwei Kinder.				
d. Sebastians Vater hat eine neue Frau.				
e. Fred ist der neue Mann von Sebastians Mutter.				
f. Die Eltern von Miriam sind Sebastians Mutter und Fred.				
g. Sebastian wohnt bei seinem Vater.				
h. Seine Familie wohnt zu fünft.				
i. Sebastian hat drei Großmütter.				
j. Sebastian mag seine Familie.				

Punktestand : ... / 20

⩾ 50 % = 🙂

Töne und Klänge

LEHRBUCH, S. 58

SCHÜLER 21 Melodien

Söhne und Töchter
Wie heißt der zweite Sohn? Wie heißt die zweite Tochter? Ergänze!

Es war einmal ein Mann,
Der hatte zwei Söhne.
Der Erste hieß Schack,
Der Andere ....
Nun war da auch eine Frau.
Die hatte zwei Töchter,
Die Erste hieß Sipp,
Die Andere ....
Da nahm der Schack die Sipp,
Und .... die ....

Kapitel 4

Aktion 1

LEHRBUCH, S. 59

Im Schülercafé

Hör dir den Dialog an und beantworte folgende Fragen!

1. Über welchen Lehrer sprechen die beiden Mädchen? Kreuze an!

☐ über den Biolehrer ☐ über den Mathelehrer ☐ über den Musiklehrer

2. Wie charakterisieren sie den Lehrer und seinen Unterricht? Kreuze an!

☐ Er gibt viele Hausaufgaben auf. ☐ Er gibt nicht viele Hausaufgaben auf.
☐ Er erklärt total schlecht. ☐ Er erklärt ganz gut.
☐ Er hat Humor. ☐ Er hat keinen Humor.

3. Wie finden sie den Lehrer? Verbinde!

Özge findet ihn •	• doof.
Sophie findet ihn •	• gut.

4. Welche Note haben sie in diesem Fach? Verbinde!

Özge hat eine •	• 1
	• 2
	• 3
	• 4
	• 5
Sophie hat eine •	• 6

Melodien

Hörst du in den folgenden Wörtern ein kurzes oder ein langes „i"?
Schreib ●, wenn das „i" kurz ist, und –, wenn es lang ist!

a. ☐ b. ☐ c. ☐ d. ☐ e. ☐
f. ☐ g. ☐ h. ☐ i. ☐ j. ☐

Auf Wörtertournee

LEHRBUCH, S. 60

1. a. Pour pouvoir formuler des critiques, établir des constats ou proposer des améliorations à l'école, classe les adjectifs suivants.

chaotisch – interessant – kompliziert – langweilig – locker – schlecht – sehr gut – spannend – stressig – toll

⊕	⊖

b. À l'aide d'un de ces adjectifs, donne ton opinion !

1. Ich finde die Hausaufgaben ....
2. Ich finde die Pause ....
3. Ich finde Sport ....
4. Ich finde den Stundenplan ....

2. De quels professeurs les élèves parlent-ils ?

a. Sein Unterricht ist kompliziert. •
b. Ihr Unterricht ist spannend. •
c. Sie ist aufgeschlossen und lustig. •
d. Er erklärt ganz gut. •
e. Ich finde sie intolerant. •
f. Ich finde ihn humorvoll. •

• Herr Kick
• Frau Gröne
• Herr Bastian
• Frau Maldeck

3. Va sur le site www.bordas-tor.fr et indique quelles sont les vacances des élèves de Hesse.

a. Die Winterferien sind vom .... bis zum ....

b. Die Herbstferien sind vom .... bis zum ....

c. Im Frühling sind die Ferien vom .... bis zum ....

d. Und im Sommer vom .... bis zum ....

Auf Wörtertournee

LEHRBUCH, S. 61

Terminkalender

1. Wie heißt das auf Französisch / auf Deutsch?

La représentation théâtrale	die ....
....	der Sporttag
La soirée musicale	der ....
Le délégué de classe	der ....
Le stage en entreprise	das ....
....	die Herbstferien
L'école partenaire	....
....	der Schüleraustausch
La soirée d'information	der ....
Les conseils de classe	die ....
Les vacances de Noël	die ....
La rencontre parents / professeurs	der ....

2. **Bring die 12 Monate in die richtige Reihenfolge!**

März – ~~Januar~~ – Oktober – April – Juli – Dezember – August – Mai – September – November – Juni – Februar

a. *Januar*
b. ....
c. ....
d. ....
e. ....
f. ....
g. ....
h. ....
i. ....
j. ....
k. ....
l. ....

3. **Ergänze den Terminkalender von deiner Schule!**

a. Schulanfang: Am .... September
b. Wahlen der Klassensprecher: ....
c. Elternabend: ....
d. Herbstferien: Vom .... bis ....
e. Zeugniskonferenz: ....
f. Weihnachtsferien: ....
g. Klassenfahrt / Schüleraustausch: ....
h. ....: ....

Atmosphären

LEHRBUCH, S. 62

Schule von Heute

Welcher Hörtext passt zu welcher Schule?

	Hörtext Nr ...
a. Es ist das Humboldt-Gymnasium.	....
b. Seine Schule ist die Beste in ganz Deutschland.	....
c. Die Schule liegt in Kassel.	....
d. Das Motto ist „freies Arbeiten".	....

Hör dir den Text 1 an und beantworte folgende Fragen!

1. **In welcher Stadt befindet sich die Schule?**

In ....

2. **Wie viele Schüler besuchen die Schule? Kreuze an!**

☐ 420 ☐ 550 ☐ 860 ☐ 910

3. **Wie viele Lehrer arbeiten an dieser Schule? Kreuze an!**

☐ 37 ☐ 52 ☐ 84 ☐ 93

4. **Ab wie viel Uhr ist die Schule geöffnet? Kreuze an!**

☐ ab 7 Uhr ☐ ab 7 Uhr 30 (halb acht) ☐ ab 8 Uhr ☐ ab 8 Uhr 30 (halb neun)

5. **Wann beginnt der Unterricht? Kreuze an!**

☐ um 7 Uhr ☐ um 8 Uhr 15 (viertel nach acht) ☐ um 8 Uhr 45 (viertel vor neun) ☐ um 9 Uhr

Hör dir den Text 2 an und beantworte folgende Frage!

In welcher Reihenfolge hörst du folgende Ausdrücke? Nummeriere sie!

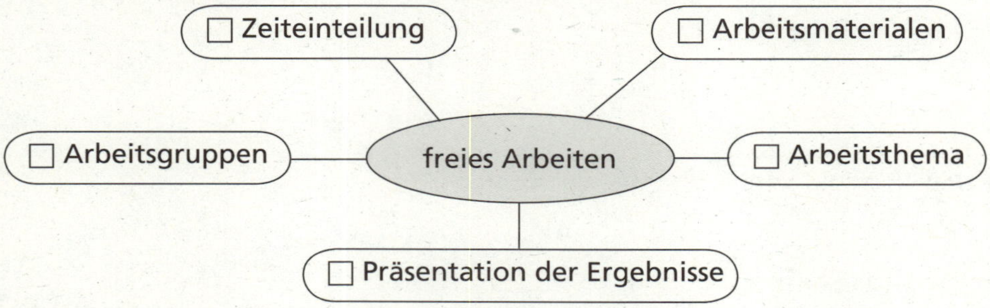

Hör dir den Text 3 an und beantworte folgende Fragen!

1. **Die Schule nimmt an zwei Olympiaden teil. An welchen? Kreuze an!**

☐ an Informatik-Olympiaden ☐ an Olympiaden der Naturwissenschaften
☐ an Mathematik-Olympiaden ☐ an Physik-Olympiaden

2. **Wie heißt die Schule? Kreuze an!**

☐ Heinrich-Böll-Gymnasium ☐ Humboldt-Gymnasium ☐ Friedrichsgymnasium

3. **In welchen Sportarten haben sie Olympia-Wettbewerbe? Kreuze ein!**

☐ Badminton ☐ Basketball ☐ Fußball ☐ Tennis ☐ Volleyball

Hör dir den Text 4 an und beantworte folgende Fragen!

Ein Schüler erklärt, warum seine Schule die Beste in ganz Deutschland ist. Kreuze an!

a. Er spricht von einem … ☐ Ich-Gefühl ☐ Wir-Gefühl

b. Welche Leute arbeiten an dieser Schule zusammen? Kreuze an (x 3)!

☐ Eltern ☐ Hausärzte ☐ Journalisten
☐ Lehrer ☐ Politiker ☐ Schüler

Atmosphären

LEHRBUCH, S. 62

Schule von Heute

Extra plus

SCHÜLER 22

Écoute le document sonore et réponds aux questions suivantes.

1. **Dans quelle ville se trouve le lycée Freiherr von Stein ? Coche la bonne réponse.**

☐ à Baden-Baden ☐ à Bünde ☐ à Berlin ☐ à Bonn

2. **Combien d'habitants compte cette ville ? Coche la bonne réponse.**

☐ 24 000 ☐ 33 000 ☐ 48 000 ☐ 67 000

3. **Combien d'élèves y a-t-il dans ce lycée ? Coche la bonne réponse.**

☐ environ 1 000 ☐ environ 1 200 ☐ environ 1 500 ☐ environ 2 000

4. Qu'y a-t-il dans la « médiothèque » ? Coche les bonnes réponses.

- ☐ un accès à Internet
- ☐ un aquarium
- ☐ une bibliothèque
- ☐ un distributeur de boissons
- ☐ une estrade
- ☐ un établi

Atmosphären

LEHRBUCH, S. 63

Eisenacher Klasse besucht Kassel

1. Lies den Text Seite 63 und beantworte die Fragen!

a. Wohin fährt die Klasse? Nach ....

b. Woher kommt die Klasse? Aus ....

c. Wie lange dauert die Klassenfahrt? .... Tage

d. Wo essen / schlafen die Schüler? In einer ....

e. Was ist das Wahrzeichen von Kassel? Der ....

f. Wann machen die Schüler eine Schifffahrt? Am ....

g. Wie war die Klassenfahrt? ....

2. Fotos von der Klassenfahrt. Schreib unter jedes Foto die richtige Legende!

a. Die Jugendherberge in Kassel
b. Der Discoabend in der Jugendherberge
c. Das Wahrzeichen von Kassel
d. Das Kino in der Innenstadt
e. Die Klasse im Zug
f. Das Schwimmbad in Baunatal
g. Die Schifffahrt auf der Fulda
h. Der Einkaufsbummel in Kassel

1

....
....

2

....
....

3

....
....

4

....
....

5

....
....

6

....
....

7

....

....

8

....

....

3. Die Lehrer geben ein Informationsblatt mit dem Programm der Klassenfahrt. Informationen fehlen. Ergänze das Programm!

Abfahrt nach Kassel – Mittagessen – Disco – Treffpunkt am Bahnhof – Aufstehen – Kino – Ankunft in der Jugendherberge – Ankunft in Eisenach – Aufstieg zum Herkules – Schwimmbad – Einkaufsbummel in Kassel – Schifffahrt auf der Fulda – Frühstück – Abendessen (2 x)

Klassenfahrt der 7a nach Kassel		
Mittwoch, den 2. Mai	**Donnerstag, den 3. Mai**	**Freitag, den 4. Mai**
8.50 Uhr: .... 9.01 Uhr: .... Uhr: Ankunft in Kassel 10.30 Uhr:	6.30 Uhr: .... 7.00 Uhr: Frühstück 8.00 Uhr: .... in Baunatal	7.00 Uhr: Aufstehen 7.30 Uhr: .... + Aufräumen / Koffer packen ....
.... Uhr: Mittagessen	Mittagessen in Kassel	12.00 Uhr: ....
Nachmittag: Kassel Besichtigung	14.30 Uhr:	..............................: Abreise nach Eisenach 14.54 Uhr: ....
18.30 Uhr:	....	
20.15 Uhr:	20.00 Uhr:	

Miteinander

LEHRBUCH, S. 65

Im Schüleratelier

1. Écris ton emploi du temps. Tu pourras ensuite le communiquer à un(e) correspondant(e) allemand(e).

Mein Stundenplan für das Schuljahr ....

Zeit	M..................	D..................	M..................	D..................	F..................	S..................
Mittagspause						

2. Écris ici le texte d'un mail que tu pourras envoyer à ton/ta correspondant(e) allemand(e) et dans lequel tu parles de ton collège, de ta classe, de ton emploi du temps, de tes professeurs, etc.

Datei Bearbeiten Format Ansicht Einfügen Sicherheit

Abschicken Beilegen

Von: Signatur: Keine

An:

Kopie an:

Betreff:

+0 Normal TT B I U S

Hallo .... !

Also, meine Schule heißt Collège ....

Ich gehe in die Klasse ....

....

....

....

....

....

....

....

Aktion 2

LEHRBUCH, S. 66

Ideen zur Klassenfahrt

Hör dir den Dialog an und beantworte folgende Fragen!

1. Was möchten Laura, Leon und Sophie machen? Ergänze!

a. .... würde gern etwas in der Natur machen.
b. .... interessiert sich sehr für Sport.
c. .... mag Kunst.
d. .... weiß noch nicht, was sie machen möchte.

2. Wann ist die Klassenfahrt?

Im ....

3. Wie lange dauert sie?

....

4. Was wollen sie morgen Nachmittag bei Elias machen? Kreuze an!

☐ fernsehen
☐ im Internet nachsehen
☐ Karten spielen
☐ Tischtennis spielen

Melodien

Hör dir die folgenden Sätze an und schreib ein Fragezeichen (?) oder einen Punkt (.)!

a. Was hast du lieber ☐
b. Der Lehrer war nicht da ☐
c. Ich hab' schon wieder einen Platten ☐
d. Gehst du in die 8b ☐
e. Kommst du aus Berlin ☐
f. Ich bin für den Segelkurs in Waldeck ☐
g. Bist du der Tim ☐
h. Da können wir einen Film drehen ☐
i. Er ist neu in der Schule ☐
j. Hast du Flickzeug dabei ☐

Interaktionen

Ihr wisst jetzt, wohin ihr reist. Ihr möchtet auch mit einem/einer anderen FreundIn verreisen. Du schreibst ihm/ihr einen Brief.
Hilfen sind in folgender Tabelle und im Lehrbuch auf Seite 67.

An wen ?	....	Hallo! Hallöchen! Lieber...! Liebe...!
Wie heißt er/sie?	.... *und ich*	mein Freund ... ... meine Freundin ... ...
Wohin?	*wollen*	
Wann?	.... *fahren.*	
Wie?	*Wir* .... *dahin*	gehen / fahren zu Fuß / mit dem ....
Wie viel Euro?	*Es kostet* .... *pro Person.*	
Wo?	*Wir schlafen*	in ... / im ... / auf ... / bei...
	Willst du nicht mitkommen? *Viele Grüße von Dein*........	deinem / deiner ....

Unter der Lupe

LEHRBUCH, S. 68

Jugendherbergen

1. Was bedeuten die Abkürzungen? Verbinde!

DJH •	• Frühstück
Tel. •	• technisch
Du. •	• Vollpension
techn. •	• inklusive
Ü •	• Deutsches Jugendherbergswerk
F •	• Dusche
HP •	• Jugendherberge
VP •	• Übernachtung
km •	• Fernsehen
JH •	• Halbpension
TV •	• Telefon
inkl. •	• Kilometer

2. Beantworte die Fragen!

a. Wie viele Jugendherbergen sind im Bundesland Hessen? ....

b. Wie viele Mitglieder hat der DJH-Landesverband Hessen? ....

c. Wie viele Betten hat die JH Kassel? ....

d. Wie viele Zimmer haben Dusche und WC? ....

e. Wie viel kostet eine Übernachtung mit Frühstück? Ab ....

f. Wann ist die Jugendherberge geschlossen? Vom .... zum ....

g. Wie weit ist die nächste Jugendherberge? .... km

3. Was ist richtig? Was ist falsch? Kreuze an!

	Richtig	Falsch
a. Die Jugendherberge Kassel liegt in Bayern.	☐	☐
b. Herr und Frau Grassmann sind die Herbergseltern.	☐	☐
c. In der JH Kassel kannst du eine Konferenz organisieren.	☐	☐
d. Du kannst in der JH einen Discoabend organisieren.	☐	☐
e. Die Documenta findet jedes Jahr statt.	☐	☐
f. In der JH kannst du im Internet surfen.	☐	☐
g. Familien sind in der JH auch willkommen.	☐	☐
h. Alle Zimmer haben eine Dusche.	☐	☐
i. Kassel hat viele Sehenswürdigkeiten.	☐	☐

Unter der Lupe

LEHRBUCH, S. 69

Das fliegende Klassenzimmer

Welcher Text passt zu welchem Foto?

a. Diskussionen mit dem Lehrer
b. Schneeballschlacht
c. Im Unterricht
d. Krise in der Schule
e. „Großes Ehrenwort!"
f. Im Theater
g. Spiel mit dem Lehrer

1

2

3

4

5

6

7

Grammitraining

LEHRBUCH, S. 70

1. Relie les réponses aux questions qui leur correspondent.

Fahren wir mit dem Zug nach Köln? •	• Aus Leipzig.
Warum packst du schon deinen Koffer? •	• Ja, der Film ist um 20 Uhr.
Woher kommt Tanja? •	• Nein, sie wohnt in Paris.
Gehen wir heute Abend ins Kino? •	• Weil ich morgen nach Rom fahre.
Wohnt Ella in Berlin? •	• Ja, ab 20 Uhr ist Discoabend!
Können die Schüler tanzen? •	• Nein, mit dem Bus!
Wie kommst du in die Schule? •	• Gern! Er ist lecker!
Willst du noch vom Schokoladenkuchen? •	• Zu Fuß!

2. Complète selon le sens soit avec *war*, soit avec *hatte*.
*Heute morgen **war** Herr Fiedler nicht da.*

a. Ich ....Ø gestern krank.

b. Ich ....Ø Fieber und Kopfschmerzen.

c. Wir ....en vorgestern auf der Fulda.

d. Wir ....n einen fantastischen Tag!

e. Die Schifffahrt ....Ø toll!

f. Super! Ich ....Ø meinen Fotoapparat dabei!

g. Wir ....en in der Fußgängerzone.

h. Laura ....Ø ihr Portemonnaie nicht mit!

3. Exprime la préférence en t'appuyant sur les modèles.
*Ich lese gern Romane. (Krimis) → Ich lese **aber noch lieber** Krimis.*
*Ich würde gern Ski fahren. (Snowboard fahren) → Ich würde **aber noch lieber** Snowboard fahren.*

a. Ich spiele gern Volleyball. *(Fußball)* ....

b. Die Schüler würden gern eine Grillparty organisieren. *(einen Discoabend)* ....

....

c. Wir hätten gern einen freien Mittwoch. *(einen freien Samstag)* ....

....

d. Meine Eltern gehen gern ins Restaurant. *(ins Theater)* ....

....

4. Transforme selon le modèle.
*Ich habe Wintersport sehr gern,... (Wassersport) **aber** ich habe Wassersport **lieber**!*

a. Ich habe Videospiele sehr gern,... *(Computerspiele)* ....

b. Ich habe Winterferien sehr gern,... *(Sommerferien)* ....

c. Ich habe deinen Käsekuchen sehr gern,... *(deinen Schokoladenkuchen)* ....

....

d. Ich habe Bonbons sehr gern,... *(Pralinen)* ....

Aktion 3

LEHRBUCH, S. 71

Projekt: Klassenfahrt

SCHÜLER 25

Hör dir den Dialog an und beantworte folgende Fragen!

1. Wann präsentieren die Schüler ihr Programm für die Klassenfahrt? Kreuze an!

☐ heute ☐ morgen ☐ nächste Woche ☐ in vierzehn Tagen

2. Wo kannst du was machen? Verbinde!

JH Melsungen •	• Antischulstresskurs
JH Waldeck •	• Filmprojekt
	• Naturkurs
	• Segelkurs
	• Zirkusprojekt

3. **Ab wann ist der Naturkurs? Kreuze an!**

☐ ab März ☐ ab April ☐ ab Mai

Spielecke

Buchstabensalat: Welche Schulfächer sind das?

Beispiel: OTPRS = Sport

- **a.** HAMTE ....
- **b.** SKUIM ....
- **c.** UCSTHED ....
- **d.** KISYHP ....
- **e.** TEINLA ....
- **f.** SAÖIFRZCHSN ....
- **g.** TUNKS ....
- **h.** OOIIEBGL ....
- **i.** SCHIGENL ....
- **j.** GSCHCHTEIE ....
- **k.** KUNEDERD ....
- **l.** GIONLIRE ....

Ce que je sais...

LEHRBUCH, S. 72-73

Tu veux ...

1. dire comment tu apprécies quelqu'un :
   .... 0 | 1 | 2
2. dire comment tu apprécies un cours :
   .... 0 | 1 | 2
3. dire ce que tu préfères (par exemple, les arts plastiques à l'histoire) :
   .... 0 | 1 | 2
4. dire que quelqu'un était absent la semaine dernière :
   .... 0 | 1 | 2
5. dire que tu avais mal à la gorge hier :
   .... 0 | 1 | 2
6. demander à quelqu'un son emploi du temps (par exemple, quand il a cours de mathématiques) :
   .... 0 | 1 | 2
7. demander à quelqu'un quand sont les vacances :
   .... 0 | 1 | 2
8. demander à quelqu'un où il part en voyage :
   .... 0 | 1 | 2

9. demander à quelqu'un comment s'est déroulé le voyage de classe : | 0 | 1 | 2 |

....

10. demander à quelqu'un pourquoi il n'était pas là mardi dernier : | 0 | 1 | 2 |

....

Punktestand : ... / 20

Wie gut du bist!

Zertifikation A1

LEHRBUCH, S. 72-73

Lesen

1. Welcher Titel passt zu welchem Text? Füll das Raster aus! Ein Titel passt nicht. (Sieh Seite 72 im Lehrbuch!)

die Projektwoche – die Lieblingslehrerin – der Stundenplan
der AG-Plan – die Klassenfahrt – das Lieblingsfach

		0	2
a			
b			
c			
d			
e			

Punktestand : ... / 10 ≥ **50 %** = ☺

2. Was ist richtig? Was ist falsch? Kreuze an! (Sieh Seite 72 im Buch!)

	Richtig	Falsch	0	2
a. Frau Schaden organisiert im Mai eine Klassenfahrt nach Köln.	☐	☐		
b. Sie will mit ihrer Klasse auf einem Campingplatz übernachten.	☐	☐		
c. Köln liegt an der Fulda.	☐	☐		
d. Die Jugendherberge liegt zentral.	☐	☐		
e. Das Frühstück kostet 5 €.	☐	☐		

Punktestand : ... / 10

Punktestand : ... / 20 ≥ **50 %** = ☺

3. Hören

Was ist richtig? Kreuze an! (Mehrere Antworten sind möglich.)

	0	2
a. Wie viele Jugendherbergen sind in der Pfalz? ☐ 8 ☐ 10 ☐ 12		
b. Wer sind die Gäste? ☐ Familien ☐ Senioren ☐ Schulklassen		
c. Wer ist Marco Blum? ☐ Ein Lehrer ☐ Ein Schüler ☐ Ein Herbergsvater		
d. Woher kommt Familie Hörnlein? ☐ Aus Ulm ☐ Aus Kassel ☐ Aus Bonn		
e. Wie viele Kinder hat die Familie? ☐ 2 ☐ 3 ☐ 4		
f. In welcher Jugendherberge ist die Familie? ☐ In Worms ☐ In Wolfstein ☐ In Speyer		
g. Was ist das Problem? ☐ Der Komfort ☐ Die Termine ☐ Das Wetter		
h. Wie kannst du reservieren? ☐ Übers Telefon ☐ Übers Fax ☐ Übers Internet		
i. Wie viel kostet die Halbpension pro Tag? ☐ 20 € ☐ 24 € ☐ 26 €		
j. Und die Mitgliedskarte pro Familie? ☐ 10 € ☐ 20 € ☐ 30 €		

Punktestand : ... / 20 ≥ **50 %** = ☺

Töne und Klänge

26 Melodien

Écoute ou lis la comptine de la page 74.
a. Complète les parties manquantes.
b. Encadre les sonorités identiques d'une même couleur.

Die Mutter hat vier Kinder.

Das Erste ist der ....

Er bringt Blumen.

Das Zweite ist der Sommer

Er bringt ....

Das Dritte ist der ....

Er bringt ....

Das Vierte ist ....

Er bringt ....

Kapitel 5

Aktion 1

LEHRBUCH, S. 75

Im Zug nach Salzburg

Was ist richtig? Kreuze an!

1. Wohin fahren die Geschwister?

☐ nach Hamburg ☐ nach Salzburg ☐ nach Würzburg

2. Wen besuchen sie dort?

☐ Freunde ☐ ihre Großeltern ☐ ihren Onkel und ihre Tante

3. Was bringen sie ihnen mit?

☐ ein Buch über Victor Hugo ☐ CDs ☐ ein französisches Kochbuch

4. Wie findet Karo die Geschenkideen?

☐ Es geht so. ☐ Nicht so gut. ☐ Sehr gut.

Melodien

Hörst du in den folgenden Wörtern ein H oder kein H?

Beispiel : H AMBURG ■ AHNUNG

☐OPA	☐EINKAUFEN	☐OLEN	☐ESSEN	☐ERBERGE
☐ERR	☐ALSSCHMERZEN	☐AUSE	☐ANGST	☐ACHTUNG

Auf Wörtertournee

LEHRBUCH, S. 76

1. Voici l'aller choisi par Alex et ses sœurs. Aide Marion à rédiger le message informant ses grands-parents de leur parcours.

Bahnhof/Haltestelle	Datum	Zeit		Gleis	Produkte		Bemerkungen
Kassel-Wilhelmshöhe	Sa, 09.02	ab	16:24	2	🚂	ICE 881	InterCityExpress Bordrestaurant
München Hbf	Sa, 09.02	an	20:13	12			
München Hbf	Sa, 09.02	ab	20:24	14	🚂	IC 2393	InterCity Fahrradmitnahme reservierungspflichtig BordBistro
Salzburg Hbf	Sa, 09.02	an	22:08	21			

....

....

....

2. Ils ont modifié leur retour et préviennent leurs parents le dimanche matin. Complète le message de Karolin qui informe les parents.

Bahnhof/Haltestelle	Datum	Zeit		Gleis	Produkte		Bemerkungen
Salzburg Hbf	So, 10.02	ab	20:10	11	🚂	IC 747	InterCity Bordservice (Snacks und Getränke)
Wels Hbf	So, 10.02	an	21:12	1			

Wels Hbf	So, 10.02	ab	22:10	4		EN 428 EN 492	EuroNight reservierungspflichtig Schlafwagen, Liegewagen, Imbiss und Getränke
Göttingen	Mo, 11.02	an	05:06	3			
Göttingen	Mo, 11.02	ab	05:54	10		ICE 591	InterCityExpress BordRestaurant
Kassel-Wilhelmshöhe	Mo, 11.02	an	06:15	2			

3. Écrire des SMS.

BB	Bis bald
BBB	Bis bald Bussi
G+K	Gruß + Kuss
LG	Liebe Grüße
GW	Glückwunsch!
KP	Kein Problem!
KU7AN	Komme um 7 Uhr an.
BSU	Bin schon unterwegs.
GN8	Gute Nacht!
WWW	Wir werden warten.

Quels SMS Alex, Marion et Karolin peuvent-ils envoyer à leurs grands-parents du train ?

4. Lis les deux SMS suivants envoyés par Alex à sa grand-mère à l'aller, et à sa mère au retour.

HALLO OMA/WIR SIND IN MÜNCHEN/KP/BIBA/ G+K.

HALLO MAMA/ KU6.15AN/GN8/BBB.

Aide-le à en écrire un autre à son ami Tim au retour, par exemple avec les idées suivantes.
Hallo Tim, ich bin schon unterwegs, ich komme um 6 Uhr an, liebe Grüße, dein Alex.

5. Atelier couleurs. Quelles combinaisons pour quels résultats de couleur ? Complète la palette suivante.

blau + gelb = ……

rot + blau = ……

…… + …… = orange

…… + grün = braun

…… + …… = grau

rot + weiß = ……

6. Regarde les dessins dans ton manuel pour dire de quelle couleur sont les objets ou accessoires suivants.
(p. 13) Alex' Schultasche ist grau.

a. (p. 13) Özges Schultasche ist ……

b. (p. 23) Lauras Ohrringe sind ……

c. (p. 23) Ihr Pyjama ist ……

d. (p.23) Ihre Pantoffeln sind ……

e. (p. 23) Die Brille von Herrn Mang ist ……

f. (p. 55) Özges Uhr ist ....

g. (p. 55) Marions Gürtel ist ....

Auf Wörtertournee

LEHRBUCH, S. 77

Shopping pur!

1. À quel étage faut-il aller pour trouver le rayon des objets suivants? Réécris le mot dans la case qui correspond à l'étage.

die Parfüms – die Sporttaschen – die Pralinen – die Uhren – die Bücher – die Schals
die Mäntel – die Fußbälle – die Geburtstagskarten – die Handys – die Schuhe – die CDs
die Kaffeemaschinen – die DVDs – die Gesellschaftsspiele – die Digitalkameras

Wo?	Was?
4. Obergeschoss	
3. Obergeschoss	
2. Obergeschoss	*die Sporttaschen –*
1. Obergeschoss	
Erdgeschoss	
Untergeschoss	

2. Reprends la liste des mots que tu as classés. Écris-les au singulier dans le tableau. Tu peux t'aider du lexique, p. 164 de ton manuel.

Masculin	Neutre	Féminin
–	–	– *die Sporttasche (-n)*
–	–	– ....
–	–	– ....
–	–	– ....
–	–	– ....
–	–	– ....
–	–	– ....
–	–	– ....

Atmosphären

LEHRBUCH, S. 78

Rezepte für eine Geburtstagsparty

Lies die drei Rezepte in deinem Lehrbuch auf Seite 78 und bring die Etappen von jedem Rezept in die richtige Reihenfolge!

a. Rezept für einen Käsekuchen. Nummeriere die Etappen von 1 bis 5!

b. Rezept für einen Obstsalat. Nummeriere die Etappen von 1 bis 4!

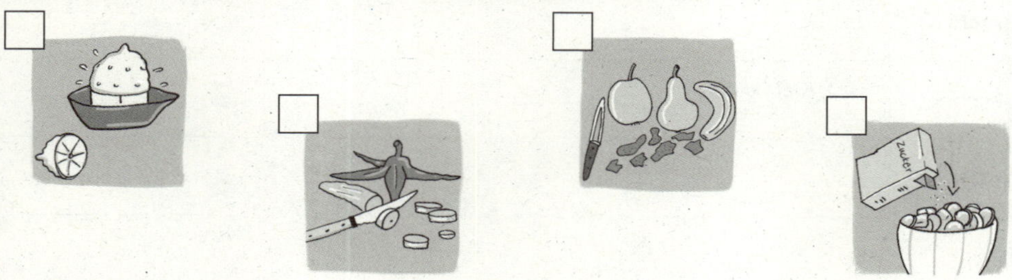

c. Rezept für eine Bowle. Nummeriere die Etappen von 1 bis 6!

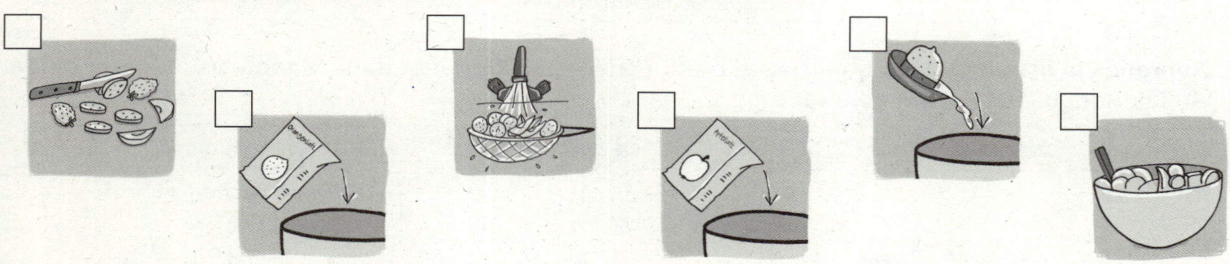

Atmosphären

LEHRBUCH, S. 78

Rezepte für eine Geburtstagsparty

Relis dans ton manuel page 78 les ingrédients nécessaires à chaque recette.

1. Écris sous chaque vignette le mot correspondant.

....

....

....

....

2. Quel ingrédient retrouve-t-on dans les trois recettes ? ....

Atmosphären

LEHRBUCH, S. 79

Feste von Heute

Welcher Hörtext passt zu welchem Satz?

	Hörtext Nr ...
a. Ein Geburtstagskind erzählt von seinem schönsten Geburtstag.	
b. Das Motto ist die Farbe Rot.	
c. Kuchen ist Thema der Sendung.	
d. Das Motto ist Fußball.	
e. Man spricht von einer Halloweenparty.	

Hör dir den Text 1 an und beantworte folgende Fragen!

1. Welches Motto würde die Frau für ihr Geburtstagsfest haben? Ergänze den Wortigel!

ihre Lieblingsfarbe: ....

- ....e Gummibärchen
- .... dekoriert
- ....e Grütze
- Spaghetti mit ....soße
- Pommes mit ....

2. Für eine Halloweenparty

a. Welche Gemüsesorten würde sie benutzen? Kreuze an!

☐ Karotten ☐ Kürbisse ☐ Radieschen ☐ Tomaten

b. Was würden sie gern als Deko aufhängen? Kreuze an!

☐ Fische ☐ Katzen ☐ Mäuse ☐ Spinnen

c. Wie würde sie sich verkleiden? Kreuze an!

☐ als Detektiv ☐ als Hexe ☐ als Kicker ☐ als Vampir

Hör dir den Text 2 an!

Erzähl den schönsten Geburtstag eines Kindes! Bring die Sätze in die richtige Reihenfolge und nummeriere sie!

	a. Dann durfte ich sogar schon vor der Schule meine Geschenke auspacken und sogar ein Stück Kuchen essen.
	b. Sie hat mir ein Lied gesungen.
	c. Sie kamen am Nachmittag und wollten mit mir zusammen feiern.
1	d. An jenem Morgen hat mich die ganze Familie geweckt.
9	e. Wir aßen wieder Kuchen und...
	f. Ich durfte erstmal die Kerzen ausblasen.
	g. Ich hatte danach meine Freunde eingeladen.
	h. Im Schlafanzug bin ich dann in die Küche heruntergelaufen.
	g. Und ich bin dann zur Schule gegangen.

Hör dir den Text 3 an und beantworte folgende Fragen!

1. In welcher Reihenfolge hörst du die Namen folgender Kuchen? Nummeriere sie!

☐ Apfelstreusel ☐ Käsekuchen ☐ Mohnkuchen
☐ Pflaumenkuchen ☐ Schwarzwälder Kirschtorte

2. Wie sehen die Kuchen aus? Schreib unter jedes Bild den richtigen Kuchennamen!

....

....

Hör dir den Text 4 an und beantworte folgende Fragen!

1. Wo lebt Reiko? Kreuze an!

☐ In Aachen ☐ In Hamburg ☐ In Hannover

2. Wann feiert er seinen Geburtstag? Am ....

3. Welches ist das Motto der Party? Kreuze an!

☐ Comics ☐ Fußball ☐ Theater

4. Was will er vielleicht essen? Kreuze an!

☐ Äpfel ☐ belegte Brötchen mit Mett ☐ Currywurst
☐ Frankfurter Wurst ☐ Käsekuchen ☐ Pommes

Atmosphären

LEHRBUCH, S. 79

Feste von Heute

Extra plus

27 **Écoute le document sonore de ton CD et réponds aux questions suivantes.**

1. Quels sont les plats typiques des régions suivantes ? Relie par un trait.

Franconie (Franken) •	• *Bratwürste*
Palatinat (die Pfalz) •	• *Saumagen*

2. Selon Reiko, quel plat est typiquement allemand ? Coche la bonne réponse.

- ☐ les pommes de terre à l'eau
- ☐ la purée de légumes
- ☐ les roulades de bœuf
- ☐ les saucisses

3. Traduis les expressions suivantes que tu entends à la fin de l'enregistrement.

Allemand	Français
Guten Abend!	
Mahlzeit!	
Moin!	

Miteinander

LEHRBUCH, S. 80-81

Von mir zu dir

Choisis un cadeau à offrir à quatre amis ou personnes de ta famille. Attention de bien mettre le datif pour la personne à qui tu fais le cadeau et l'accusatif pour le cadeau que tu veux faire.

Exemple : *Meiner Schwester schenke ich eine DVD.*

....

....

....

....

Im Schüleratelier

1. Inscris le nom de ce qui est fléché ainsi que l'article défini et le pluriel. Tu peux t'aider de ton lexique.

d..... J.............................. (.........)

d..... H.............................. (.........)

d..... G.............................. (.........)

d..... H.............................. (.........)

d..... S.............................. (.........)

d..... O.............................. (.........)

d..... M.............................. (.........)

d..... H.............................. (.........)

d..... R.............................. (.........)

d..... H.............................. (.........)

2. **Tu veux dire à la vendeuse que tu n'achètes pas le vêtement que tu as essayé. Trouve deux arguments.**

Verkäuferin Nehmen Sie .... ?

Du Nein, danke, ...

und ....

Aktion 2

LEHRBUCH, S. 82-83

In Kassel bei Kaufhof

Was ist richtig? Was ist falsch? Kreuze an!

	Richtig	Falsch
a. Marion und Alex haben Geburtstag.	☐	☐
b. Die Freunde gehen zum Geschenkekaufen in die Stadt.	☐	☐
c. Sophie meint, dass Marion gern ein Parfüm hätte.	☐	☐
d. Alex wünscht sich zum Geburtstag ein neues Fahrrad.	☐	☐
e. Sophie findet Alex' Musikgeschmack super.	☐	☐
f. Leon will eine CD von Tokio Hotel kaufen.	☐	☐

Melodien

1. **Hörst du in den folgenden Wörtern den Laut „o" oder den Laut „ö"? Schreib, was richtig ist!**

a. S__HNE	b. GESCH__SS	c. __BST	d. PERS__N	e. W__LFE
f. H__REN	g. GESCHL__SSEN	h. FRANZ__SISCH	i. BL__D	j. BR__T

2. **Finde drei andere Wörter mit dem Laut „ö"!**

....

Interaktionen

Du weißt noch nicht, was du deinem/r besten FreundIn schenken möchtest, hast aber schon eine Idee. Schreib hier drei Argumente dafür und drei Argumente dagegen!

Ich glaube, ich schenke (wem?) .... (was?) ....

drei Argumente dafür	drei Argumente dagegen
....	....
....	....
....	....

Unter der Lupe

LEHRBUCH, S. 84

Mozart

1. **„Die Zauberflöte": Hör dir den Text an! Was ist richtig? Kreuze an!**

a. Was für ein Hörtext ist es?

☐ ein Interview ☐ ein Podcast ☐ ein Radioprogramm ☐ eine Reportage

b. **Welche Nationalität hat der Mann?**

☐ Er ist Deutscher. ☐ Er ist Österreicher. ☐ Er ist Schweizer.

c. **Was sagt der Mann zur Begrüßung?**

☐ Guten Tag! ☐ Hallo! ☐ Hei! ☐ Herzlich willkommen!

d. **Woher kommt er gerade zurück?**

☐ Aus Berlin ☐ Aus Bern ☐ Aus Weimar ☐ Aus Wien

e. **Es ist 14 Uhr 42. Wo ist er?**

☐ Er sitzt im Büro. ☐ Er ist zu Hause ☐ Er ist bei einem Freund..

f. **Wo war er am Wochenende?**

☐ Im Kino ☐ In der Oper ☐ Im Schwimmbad ☐ Im Theater

g. **Mit wem war er dort?**

☐ Mit Karl ☐ Mit Max ☐ Mit Ralf ☐ Mit Wolfgang

h. **Bei welcher Aufführung waren sie?**

☐ Bei *Don Giovanni*. ☐ Bei *Die Hochzeit des Figaro*. ☐ Bei *Die Zauberflöte*.

i. **Um wie viel Uhr war die Aufführung?**

☐ Um 14 Uhr ☐ Um 16 Uhr ☐ Um 18 Uhr ☐ Um 20 Uhr

j. **Welche Musiker hört sich der Mann sehr gern an?**

☐ Bach ☐ Beethoven ☐ Mozart ☐ Tchaïkovski

2. „Geburtstagsfest für ein Genie!“: Lies auf Seite 84 die Texte und beantworte die Fragen!

a. **Wie heißt Mozart mit Vornamen?** ....

b. **Aus welcher Stadt kommt Mozart?** Aus ....

c. **Was hat Österreich im Jahre 2006 gefeiert?** ....

....

d. **Was findet sechs Wochen lang in Salzburg statt?** ....

....

e. **Wie heißt die erste Oper von Mozart? Wie alt war er?**

– ....

– Mozart war .... Jahre alt.

f. **Wie heißt sein letztes Werk?**

– die ....

Unter der Lupe

LEHRBUCH, S. 84

Mozart

1. Recherche sur le site www.bordas-tor.fr les informations suivantes sur Mozart et réponds aux questions.

a. **Mozart a quatre prénoms. Lesquels ?**

....

b. Quand et où est-il né ? – le ……………………………………

– à ……………………………………

c. Quand et où est-il mort ? – le ……………………………………

– à ……………………………………

d. Comment s'appelle sa sœur ? ……………………………………

e. Qui était son professeur de clavecin ? ……………………………………

f. Quel âge avait-il quand il a appris le clavecin ? ……………………………………

g. À quel âge a-t-il composé ses premières œuvres ? ……………………………………

h. Mozart a fait une longue tournée en Europe entre 1762 et 1766. Cite quelques villes de sa tournée.

……………………………………

……………………………………

i. Qu'est-ce que Mozart a écrit à l'âge de 11 ans ? ……………………………………

j. Au service de qui a-t-il travaillé entre 1773 et 1781 ?

……………………………………

k. Qui a-t-il épousé le 4 août 1782 ? ……………………………………

l. Où a-t-il fait la connaissance de Johann Sebastian Bach et de Georg Friedrich Händel ?

À ……………………………………

m. À la fin de sa vie, Mozart a été confronté à deux problèmes. Lesquels ?

– ……………………………………

– ……………………………………

n. Comment s'appelle le dernier opéra de Mozart ? ……………………………………

o. Associe les titres allemands aux titres français des œuvres de Mozart.

Die Entführung aus dem Serail •	• Une Petite Musique de Nuit
Die Zauberflöte •	• Les Noces de Figaro
Die Hochzeit des Figaro •	• La Messe du Couronnement
Eine Kleine Nachtmusik •	• La Flûte Enchantée
Die Krönungsmesse •	• L'Enlèvement au Sérail

2. « La Flûte Enchantée »

Extra plus

29 Écoute le document sonore de ton CD et réponds aux questions.

a. Comment était la représentation d'hier soir ?

☐ Elle lui a plu. ☐ Elle ne lui a pas plu.

b. Combien de temps a-t-elle duré ?

☐ une heure ☐ deux heures ☐ trois heures ☐ quatre heures

Extra plus

30 Écoute le document sonore de ton CD et réponds aux questions.

a. En combien d'actes est divisé l'opéra « La Flûte Enchantée » ?

☐ en 2 ☐ en 3 ☐ en 4 ☐ en 5

b. Qui a écrit les textes ?

☐ Anton Schikaneder ☐ Emanuel Schikaneder ☐ Stefan Schikaneder

c. Qui a composé la musique ?

☐ Ludwig van Beethoven ☐ Wolfgang Amadeus Mozart ☐ Richard Wagner

d. Quand l'a-t-il composée ?

☐ en avril 1791 ☐ en avril 1891 ☐ en juin 1791 ☐ en juin 1891

Extra plus

3. Grands compositeurs des pays germanophones nés au XVIIIe siècle

Recherche dans des livres ou sur internet quand et où sont nés les compositeurs suivants et colle une photo de chacun d'entre eux.

a. Johann Sebastian BACH

....

....

b. Ludwig van BEETHOVEN

....

....

c. Georg Friedrich HAENDEL

....

....

d. Joseph HAYDN

....

....

e. Franz SCHUBERT

....

....

Unter der Lupe

LEHRBUCH, S. 85

Amadeus

Welcher Text passt zu welchem Foto?

a. Er hat auch die Feste sehr gern.
b. In Wien komponiert er für Joseph II.
c. Schon als junges Kind spielt Mozart unter Aufsicht seines Vaters Geige.
d. Bis zu seinem Tode arbeitet er an seinem „Requiem".
e. Mit 26 Jahren heiratet er Constanze Weber.
f. Als Meister der Oper dirigiert er mit viel Begeisterung.

Grammitraining

LEHRBUCH, S. 86

1. Complète les réponses en utilisant le datif et les marques : ***em*****,** ***er*****, ou** ***en… n*****.**

→ Wem schenke ich diese CD? – Dein*em* Cousin!

a. Mit wem sprichst du? – Mit mein.......... Hündchen!

b. Wem zeigt Alex seinen Arm? – Doktor Föhler, d.......... Hausarzt!

c. Wem bringst du diesen Kuchen? – Mein.......... Freund..........!

d. Wem gebe ich die Hand? – D.......... Kind da!

e. Wem schreibt ihr? – Unser.......... Eltern!

f. Wem passt diese Brille? – D.......... Baby!

g. Wem gefällt diese Bluse? – Mein.......... Oma!

h. Wem kaufst du dieses Kochbuch? – Mein.......... Tante!

i. Wem erzählen die Schüler den Film? – Ihr.......... Deutschlehrer!

2. Complète avec la forme verbale entre parenthèses au temps qui convient : présent ou passé.

→ Alex, Marion und Karolin (sein) ***waren*** letzte Woche in Salzburg.

a. Heute (sein) .... Sonntag.

b. Gestern (sein) .... Alex mit Opa beim Konzert.

c. Alex (packen) .... seine Tasche heute.

d. Die Geschwister (fahren) .... heute Abend nach Innsbruck.

e. Vorgestern (haben) .... Marion Halsschmerzen.

f. Die Apotheke (haben) .... gestern nicht auf!

g. Heute (gehen) .... es schon wieder.

h. Karolin (anrufen) .... die Eltern jetzt ....

i. Heute um 23 Uhr (warten) .... die Mutter am Bahnhof.

3. Repère dans la liste suivante les verbes à préverbe séparable. Formule des questions en t'appuyant sur l'un ou l'autre des deux modèles suivants. Attention aux verbes forts.

anbieten → *Was bietet er an?* lesen → *Was liest er?*

a. finden* ....

b. mitbringen* ....

c. antworten ....

d. organisieren ....

e. aufgeben* ....

f. vorbereiten ....

g. schieben* ....

h. reparieren ....

i. sich ansehen* ....

4. Complète avec les formes de *werden* qui conviennent pour exprimer le futur.

→ Ich bin müde. Ich *werde* heute Abend gut schlafen.

a. Alex organisiert seine Grillparty. Er .... morgen Wurst kaufen.

b. Die Zwillinge haben Geburtstag. Sie .... Geschenke bekommen.

c. Özge, du .... deinen Schokoladenkuchen backen!

d. Marion .... das Obst schälen.

e. Wir .... Girlanden mitbringen.

f. Ihr .... Getränke kaufen.

g. Am Wochenende .... die Geschwister nach Österreich fahren.

h. Kein Problem, Mama, ich .... euch anrufen!

i. Ihr .... Opa und Oma grüßen!

Aktion 3

LEHRBUCH, S. 87

Vor der Party

32

1. Wer meldet sich bei Hügel am Telefon?
☐ Alex Hügel ☐ Karolin Hügel ☐ Marion Hügel

2. Wer ruft an?
☐ Oma Dessau ☐ Oma Salzburg ☐ Opa Salzburg

3. Was bereiten die Geschwister Hügel vor?
☐ ein Abendessen ☐ ihre Geburtstagsparty ☐ ein Schulfest

4. Wie viele Leute sollen kommen?
☐ 15 ☐ 20 ☐ 25

5. Wobei hat Karo ihren Geschwistern geholfen?
☐ beim Abwaschen ☐ beim Aufräumen ☐ beim Einkaufen

6. Die Oma macht Karo ein Kompliment. Was sagt sie?
„Das ist aber…" ☐ gut ☐ nett ☐ toll

7. Was backt die Mutter?
☐ einen Apfelkuchen ☐ eine Schokoladentorte
☐ einen Käsekuchen ☐ eine Schwarzwälder Kirschtorte

8. Mit wem möchte die Oma gerne sprechen?
☐ mit ihrer Tochter ☐ mit ihrem Schwiegersohn ☐ mit ihren Enkelkindern

9. Was soll die Oma den Zwillingen zum Geburtstag schenken?
☐ ein Skateboard ☐ eine CD ☐ Geld

Ce que je sais…

LEHRBUCH, S. 88-89

Tu veux …

1. indiquer le jour et l'heure d'arrivée d'un train :
.... 0 | 0,5 | 1

2. dire que le retour a lieu le surlendemain à… :
.... 0 | 0,5 | 1

3. dire à quelqu'un qu'un article se trouve au sous-sol :
.... 0 | 0,5 | 1

4. dire que tu achètes cette écharpe jaune :
.... 0 | 0,5 | 1

5. dire que tu trouves cette robe trop colorée :
.... 0 | 0,5 | 1

6. conseiller à quelqu'un d'acheter des livres pour ses grands-parents :
.... 0 | 0,5 | 1

7. dire que c'est bientôt l'anniversaire de Tina :
.... 0 | 0,5 | 1

8. dire que cela va certainement plaire à ton / ta correspondant(e) :

.... 0 | 0,5 | 1

9. demander à quelqu'un à quelle heure part le train pour Vienne :

.... 0 | 0,5 | 1

10. demander à quelqu'un quand on arrive à Francfort :

.... 0 | 0,5 | 1

11. demander à quelqu'un quand il / elle repart :

.... 0 | 0,5 | 1

12. demander à un(e) vendeur / vendeuse s'il / elle a ce vêtement en jaune ou en vert :

.... 0 | 0,5 | 1

13. demander à quelqu'un comment il / elle trouve ces boucles d'oreille :

.... 0 | 0,5 | 1

14. demander à quelqu'un à quel étage tu peux trouver les jeux vidéo :

.... 0 | 0,5 | 1

15. demander à un vendeur / une vendeuse combien coûte ce pantalon :

.... 0 | 0,5 | 1

16. demander à quelqu'un ce que tu peux offrir à ton ami(e) :

.... 0 | 0,5 | 1

17. demander à quelqu'un ce qu'il / elle aimerait avoir comme cadeau à son anniversaire :

.... 0 | 0,5 | 1

18. souhaiter « Bon appétit ! » à quelqu'un :

.... 0 | 0,5 | 1

19. dire que tu es en route (+ en langage SMS) :

.... 0 | 0,5 | 1

20. dire « À bientôt ! » (+ langage SMS) :

.... 0 | 0,5 | 1

Punktestand : ... / 20

Wie gut du bist!

Zertifikation A1

LEHRBUCH, S. 88-89

Hören

1. Welches Geschenk passt zu welcher Person? Schreib unter jedes Bild die Nummer des Hörtextes! Ein Geschenk bleibt übrig.

Hörtext Nr ....

Hörtext Nr ....

Hörtext Nr ....

Hörtext Nr ....

Hörtext Nr ....

Hörtext Nr ....

Punktestand : ... / 10

2. Welcher Hörtext passt zu welchem Bild und zu welcher Etage?

Etage	Hörtext Nr	Bild Nr
Im vierten Obergeschoss		
Im dritten Obergeschoss		
Im ersten Obergeschoss		
Im Erdgeschoss		
Im Untergeschoss		

0	1	2

Punktestand : … / 10

Punktestand : … / 20 ⩾ **50 %** = ☺

Lesen

LEHRBUCH, S. 88-89

Was ist richtig? Was ist falsch? Kreuze an!

		Richtig	Falsch	0	2
a.	Ursulas Sohn isst viele Pizzas.	☐	☐		
b.	Ursulas Sohn möchte auf seinem Geburtstag mit seinen Freunden Billard spielen.	☐	☐		
c.	Topsangel hat eine vierzehnjährige Tochter.	☐	☐		
d.	Topsangels Tochter feiert gern ihren Geburtstag zu Hause.	☐	☐		
e.	Topsangels Tochter geht nicht zum ihrem Geburtstag mit ihren Freunden ins Kino, weil alle das machen.	☐	☐		
f.	Topsangels Tochter hört sich gern Musik an.	☐	☐		
g.	Atlante ist eine vierzehnjährige Jugendliche.	☐	☐		
h.	Atlante feiert ihren Geburtstag zu Hause, weil es sonst zu teuer ist.	☐	☐		
i.	Nur Mädchen kommen zu Atlantes Geburtstag.	☐	☐		
j.	Zu Atlantes Geburtstag kochen die Freunde zusammen.	☐	☐		

Punktestand : … / 20 ⩾ **50 %** = ☺

Töne und Klänge

LEHRBUCH, S. 90

Melodien

SCHÜLER 33

Complète en relisant la comptine de la page 90.

Blau ist der Himmel,

.... sind die Mäuse.

Tomaten sind ....

Das .... ist braun.

Grün sind die..............................,

das Ei ist .... und ....

Kapitel 6

Aktion 1

LEHRBUCH, S. 91

Bei der Partyvorbereitung

Was ist richtig? Kreuze an!

1. Welches Zimmer wollen die Freunde für die Party vorbereiten?
☐ die Küche ☐ das Wohnzimmer ☐ das Badezimmer

2. Wer hilft ihnen dabei? ☐ Leon ☐ Elias ☐ Özge

3. Wohin sollen sie den Tisch stellen?
☐ rechts neben den Kamin ☐ links neben den Kamin ☐ neben das Fenster

4. Wohin kommt das Sofa?
☐ links vor das Fenster ☐ rechts vor das Fenster ☐ neben das Fenster

5. Wohin soll Alex die Blumenvase stellen?
☐ in die Küche ☐ in das Schlafzimmer ☐ ins Bad

Melodien

1. Hörst du in den folgenden Wörtern ein „w" oder ein „v"?
Beispiel: Wohnzimmer vorsichtig

a. _OHIN b. _ATER c. _ILD d. _IEDER e. _ORNAME
f. _OLL COOL g. _ICHTIG h. _IELLEICHT i. _INTER j. _ORGESTERN

Auf Wörtertournee

LEHRBUCH, S. 92

1. Herzlichen Glückwunsch!

Alex et Marion ont reçu de leur grand-mère une carte d'anniversaire, sur laquelle elle dit
– quel(s) cadeau(x) ils vont trouver dans leurs paquets,
– pour quelle raison elle a choisi ces cadeaux,
– qu'elle espère qu'ils leur plairont.
Complète la carte reçue par chacun.

Lieber Alex,

Alles Gute zum Geburtstag!

....

....

....

....

Ganz liebe Grüße von Deiner Oma!

Hallo Marion!

Herzlichen Glückwunsch!

....

....

....

....

Alles Liebe, bis bald, Deine Oma.

2. Pour répartir les tâches, avant l'arrivée des invités, Alex a commencé à noter ce qu'il reste à faire pour aménager et décorer la pièce. En regardant la page 92 de ton manuel, aide-le à finir son pense-bête.

– die Stehlampe in den Flur stellen.	– ....
– Kerzen suchen.	– ....
–	– ....
–	– ....
–	– ....

3. Lis le SMS que Tim a envoyé à Alex, puis aide-le à faire son SMS de réponse à Tim. Tu peux t'aider de la page 68 de ton cahier d'activités.

GW
KO15MISPÄ

KP
WWW
....
....
....

Auf Wörtertournee

LEHRBUCH, S. 93

Mülltrennung

1. **Dans quelle poubelle faut-il jeter les déchets suivants? Écris les mots dans la poubelle correspondante de l'exercice 2.**

die Zeitung – der Jogurtbecher – die Konservendose – die Prospekte – die Shampooflasche aus Plastik – das Geschenkpapier – der Katalog – die Ketchupflasche aus Plastik – die Servietten – das Taschentuch – die Obstreste – die Kerzen – die Speisereste – das Honigglas – das Salatbesteck aus Plastik

2. **Colorie ensuite chaque poubelle avec la couleur qui la caractérise (vert / gris / jaune / marron / bleu)**

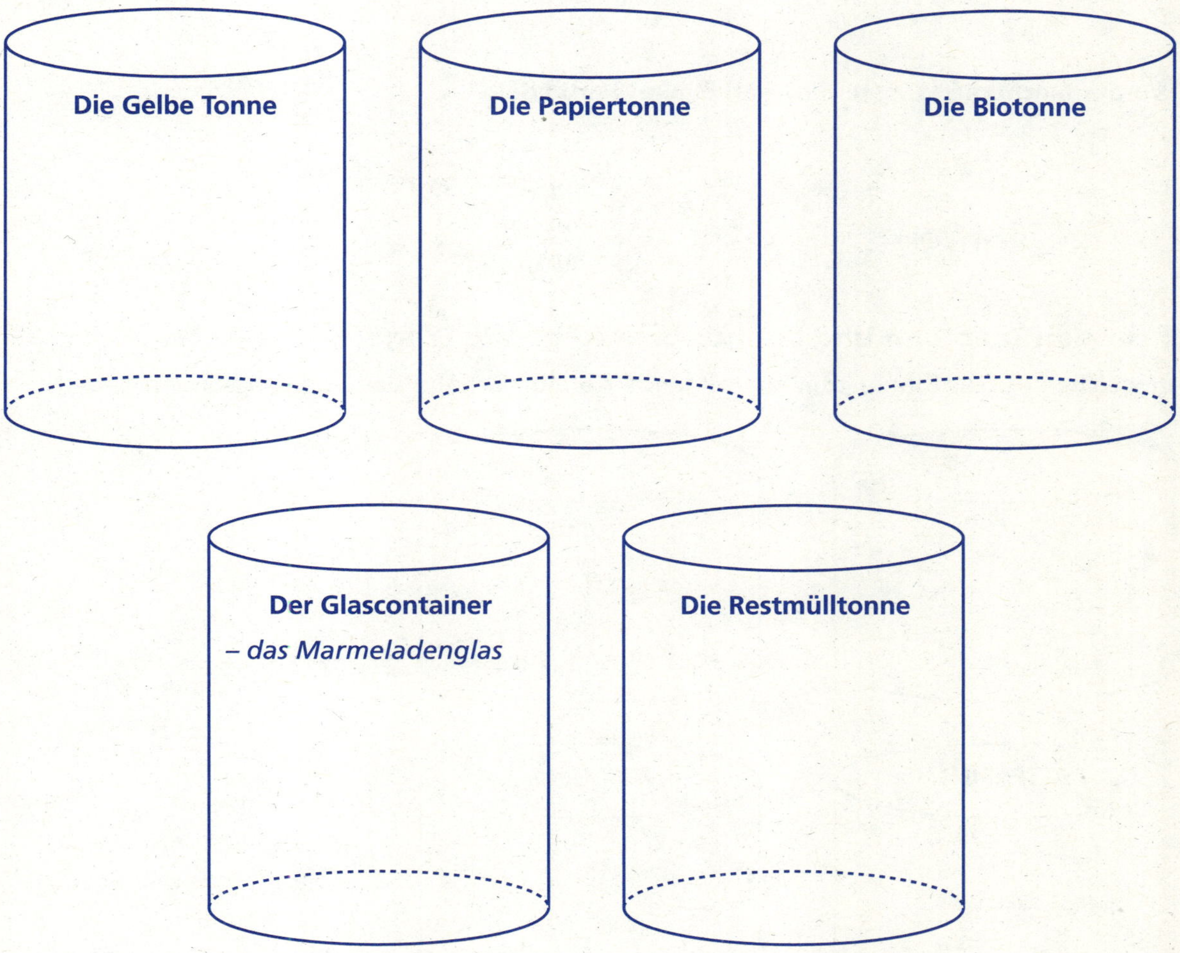

Atmosphären

LEHRBUCH, S. 92

Umwelt von Heute

Welcher Hörtext passt zu welchem Titel?

Hörtext Nr...

a. Das Pfandsystem ....

b. Die Müllsortierung ....

c. Das Recycling ....

Hör dir den Text 1 an und beantworte folgende Fragen!

1. Man sammelt getrennt fürs Recycling Bioabfall, Glas, Leichtverpackungen und Zeitungen. Was ist was? Schreib die Namen unter die Bilder (mit Artikel)!

....

....

2. Woraus macht man Fenster und Parkbänke? Verbinde!

Fenster •	• aus Glas
	• aus Jogurtbechern
Parkbänke •	• aus Papier
	• aus Tüten

Hör dir den Text 2 an und beantworte folgende Frage!

In welchen Kübel (Tonne) kommen folgende Abfälle? Schreib sie in den passenden Kübel!

– ....
– ....

– ....
– ....

ALTPAPIER
– ....
– ....

WEIßGLAS
– ....
– ....

BUNTGLAS
– ....

BIOMÜLL
– ....
– ....

ABFÄLLE
- Eier
- Gras
- Honiggläser
- Konservendosen
- Marmeladengläser (x 2)
- Metallfolien
- Plastikflaschen
- Plastiksäcke
- Prospekte
- Zeitungen

Hör dir den Text 3 an und beantworte folgende Fragen!

1. Das Pfandsystem wird anhand von zwei Beispielen erklärt. Was ist mit Pfand? Was ist ohne Pfand? Verbinde!

Eistee mit Kohlensäure in Dosen

Cola in Dosen

Eistee ohne Kohlensäure in Dosen

Cola in Flaschen

2. Wie lautet die Faustregel für das neue Pfandsystem? Wofür zahlt man Pfand? Wofür nicht? Schreib die Getränke in die richtige Spalte!

Mit Pfand	Ohne Pfand
....	....
....	....
....	....
....	....

GETRÄNKE
– Fruchtsäfte ohne Kohlensäure
– Getränke in Tetrapacks
– Getränke mit Kohlensäure in Dosen, in Glas- oder Plastikflaschen

Atmosphären

LEHRBUCH, S. 94

Umwelt von Heute

Extra plus

34 Écoute le document sonore de ton CD et réponds à la question suivante.

Des personnes sont interviewées au sujet de la mise en place d'une consigne sur les boissons en boîte. Quelle est l'opinion des trois personnes que tu entends ? Coche la bonne réponse.

	Opinion positive	Opinion négative
1re personne	☐	☐
2e personne	☐	☐
3e personne	☐	☐

Extra plus

35 Écoute le document sonore de ton CD et réponds aux questions suivantes.

1. Quels magasins veulent retirer de leurs rayons les boissons en boîte ? Coche les bonnes réponses.

☐ Aldi ☐ Edeka ☐ Lidl ☐ Plus ☐ Rewe ☐ Spar

2. Quelles personnes seront les plus gênées par cette mesure ? Coche les bonnes réponses.

☐ les personnes âgées ☐ les enfants / élèves

☐ les personnes qui travaillent dans des bureaux ☐ les médecins

3. Traduis en français les noms suivants que tu entends dans les deux documents sonores :

– *die Einwegflasche:* ....

– *die Mehrwegflasche:* ....

Atmosphären

LEHRBUCH, S. 95

Ein Punkt für die Umwelt

1. Lies die Texte auf Seite 95 und beantworte die Fragen!

a. Was organisiert die Gesellschaft *Duales System Deutschland*?

– Die ....

– Die ....

– Die ....

b. Wie heißt das Logo für Verpackungsrecycling?

Der ....

c. In wie vielen Ländern ist dieses Logo präsent?

In .... Ländern.

d. Auf wie vielen Verpackungen findet man dieses Logo?

Auf .... Verpackungen weltweit.

e. Wie heißt die Organisation von allen nationalen Grüner-Punkt-Systemen?

....

f. Was bedeutet die ERW?

Die E................ R................ W................

g. Wie viele Kinder sind im Umweltparlament? ....

h. Wie alt sind diese Schüler? Zwischen .... und .... Jahren.

i. Was machen die Schüler? ....

....

2. Wörter fehlen. Lies noch einmal die Texte und ergänze!

Umweltpolitik – Umwelt – Umweltprobleme – Umweltparlament

a. Der Grüne Punkt ist ein Punkt für die ....

b. Das .... ist eine Initiative von Pro Europe.

c. In diesem Parlament machen Schüler ....

d. Die Schüler analysieren ....

Atmosphären

LEHRBUCH, S. 95

Ein Punkt für die Umwelt

Extra plus

Complète ce test et tu sauras si tu es un expert dans le tri des déchets!

1. Was gehört nicht in die Biotonne?
- ☐ Obstreste
- ☐ Flaschen
- ☐ Essensreste

2. Welche Farbe hat die Papiertonne?
- ☐ rosa
- ☐ gelb
- ☐ blau

3. Was ist ein Glascontainer?
- ☐ ein Container für altes Glas
- ☐ ein Container für alte Kleider
- ☐ ein Container für Elektrogeräte

4. In welche Tonne gehören Prospekte?
- ☐ in die Restmülltonne
- ☐ in die Biotonne
- ☐ in die Papiertonne

5. Was gehört in die Gelbe Tonne?
- ☐ alle Flaschen mit Pfand
- ☐ Zeitungen
- ☐ Verpackungen mit dem Grünen Punkt

6. Welche Tonne ist grün?
- ☐ die Biotonne
- ☐ der Glascontainer
- ☐ die Restmülltonne

7. Das Logo für Verpackungsrecycling ist:
- ☐ ein grüner Punkt.
- ☐ ein roter Punkt.
- ☐ ein gelber Punkt.

8. **Wohin gehört ein Jogurtbecher?**

- ☐ in die Restmülltonne
- ☐ in die Biotonne
- ☐ in die Gelbe Tonne

9. **Du gibst eine Flasche mit Pfand zurück. Was bekommst du?**

- ☐ eine neue Flasche
- ☐ einen Gelben Sack
- ☐ Geld

10. **Sortierst du deinen Müll?**

- ☐ Ja!
- ☐ Ja, aber nicht gut!
- ☐ Nein!

☺ ☺ **8-9-10 richtige Antworten**: Sehr gut! Du bist ein sehr guter Müllexperte und Umweltfreund. Danke für die Umwelt! Mach weiter so!

☺ **5-6-7 richtige Antworten**: Gut! Du bist ein relativ guter Müllexperte und Umweltfreund. Aber du kannst noch besser machen. Dann wirst du ein sehr guter Experte!

☹ **< 5 richtige Antworten**: Nicht sehr gut! Du bist kein guter Müllexperte und kein Umweltfreund! Kannst du bitte an die Umwelt denken? Danke fürs Mitmachen! Der Umwelt zuliebe!

Miteinander

LEHRBUCH, S. 96-97

Von mir zu dir

Tu es chez un(e) ami(e) et tu demandes si tu peux faire quelque chose. Sa mère te donne l'autorisation.
Exemple : *Darf ich das Fenster zumachen? – Kein Problem! Mach das Fenster zu!*

....

....

....

....

Im Schüleratelier

Réponds en allemand aux questions de ton/ta correspondant(e) allemand(e).
Wann hast du Geburtstag? Organisierst du eine Party? Wie viele Leute hast du eingeladen? Was für einen Kuchen esst ihr? Was gibt's zu trinken? Was schenken dir deine Eltern? Bleiben deine Eltern zu Hause? …

Hallo ....! ....

....

....

....

....

.... Dein(e) ....

Aktion 2

LEHRBUCH, S. 98

Nach der Party

Was ist richtig? Kreuze an!

1. Was machen die Freunde bei den Hügels?

☐ Sie bereiten die Party vor.
☐ Sie machen eine Party.
☐ Sie räumen das Wohnzimmer auf.

2. Wohin soll Sophie das Pappgeschirr werfen?

☐ in den Gelben Sack ☐ in die Biotonne ☐ in die Restmülltonne

3. Wie war die Party? Was sagt Alex?

☐ Die Stimmung war gut und der Kuchen lecker.
☐ Die Stimmung war doof, aber der Kuchen war lecker.
☐ Die Stimmung war doof und der Kuchen hat auch nicht geschmeckt.

4. Sophie sieht, dass jemand seinen Kuchen nicht gegessen hat. Wie reagiert sie?

☐ So eine Überraschung! ☐ So eine Verschwendung! ☐ So eine tolle Stimmung!

5. Welche CD findet Elias genial?

☐ Die CD von Tokio Hotel.
☐ Die CD von Rammstein.
☐ Die CD von den Bananafishbones.

6. Alex hat sich sehr über die CD gefreut. Wie sagt er das?

☐ Ja, voll geil! Ich habe mich total darüber gefreut.
☐ Ja, war klasse! Ich habe mich sehr gefreut.
☐ So eine super CD! Mann, was habe ich mich gefreut!

7. Marion hat sich auch gefreut und bedankt sich bei ihren Freunden.

☐ Ja, liebe Leute, vielen Dank für alles!
☐ Ja, schöne Leute, habt Dank!
☐ Ja, liebe Leute, ein herzliches Dankeschön für alles!

Melodien

1. Hörst du in den folgenden Wörtern den Laut „u" oder den Laut „ü"? Schreib U oder Ü!

a. GR_N	**b.** KAP_TT	**c.** P_NKT	**d.** S_CHEN	**e.** M_LL
f. BR_DER	**g.** ST_CK	**h.** B_TTER	**i.** F_ßE	**j.** SCH_LER

2. Notiere drei andere Wörter mit dem Laut „ü"!

....

Interaktionen

Mach dir Notizen für deine Rede als Umweltverteidiger!

Liebe Mitbürger und Mitbürgerinnen!

....

....

...

...

...

...

Ich danke Ihnen für Ihre Aufmerksamkeit!

Unter der Lupe

LEHRBUCH, S. 100

Jugend musiziert

Lies die Texte auf Seite 100 und beantworte die Fragen!

1. Wie viele Personen musizieren in Hessen? Über ...

2. Wo musizieren sie?
– In Orchestern
– In ...
– In ...
– In ...
– In ...
– In ...
– In ...

3. Wie heißt der bekannte deutsche Musikwettbewerb? ...

4. Beim Musikwettbewerb gibt es drei Etappen.
a. Nummeriere sie von 1 bis 3!
b. Wie viele Musiker bei jeder Etappe? Verbinde!

... Landeswettbewerb •	• 2 000 Musiker
... Bundeswettbewerb •	• über 20 000 Musiker
... Regionalwettbewerb •	• 6 500 Musiker

5. Sieben Schüler vom Friedrichsgymnasium haben am Musikwettbewerb teilgenommen. Wer sind sie? Ergänze die Tabelle!

Vorname	Nachname	Klasse	Instrument
Moritz			
	Ahlemeyer		Horn
	Teller		
		9.	
Simone			
		13.	
			Blockflöte

6. Wer hat sich für den Landeswettbewerb qualifiziert?

a. ... **b.** ... **c.** ...

7. Was passt zusammen? Verbinde!

- Herzlichen Glückwunsch! •
- Viel Erfolg! •

- • pour remercier quelqu'un
- • pour souhaiter du succès à quelqu'un
- • pour s'excuser
- • pour féliciter quelqu'un

8. Alles rund um die Musik! Lies noch einmal die Texte und ergänze die Tabelle!

das Musikleben	*la vie musicale*
der Musiker (-)	....
musizieren	....
der Musikfreund (-e)	....
der .... (-)	*le professeur de musique*
der .... (-)	*l'élève d'une école de musique*
die .... (-n)	*l'école de musique*
der .... (-e)	*le concours de musique*
das .... (-e)	*le morceau de musique*

Unter der Lupe

LEHRBUCH, S. 100

Ein Musikverein in Kassel

Extra plus

1. Lis le texte de présentation de cette association de musique puis réponds aux questions.

Instrumente
Blockflöte, Querflöte, Posaune, Trompete, Oboe, Klarinette, Saxofon, Schlagzeug...

Blockflötenunterricht
Ab 5 Jahren können die Kinder den Umgang mit einem Instrument in unserer Blockflötengruppe erlernen.

Ausbildung an Orchesterinstrumenten
Die Schüler spielen zusammen in unserem Schülerorchester. Das gemeinsame Musizieren macht viel Spaß.

Aktivitäten
Natürlich kommt auch die Freizeit nicht zu kurz! Probewochenenden, Zeltlager, Ausflüge in Schwimmbäder oder in Freizeitparks stehen auch auf dem Programm.

Orchesterproben
Wer Lust hat, kann gern jeden Mittwoch zu uns ins Vereinslokal kommen.
Das Schülerorchester probt um 17.45 Uhr und das Jugendorchester um 18.45 Uhr.

a. À partir de quel âge peut-on commencer à jouer dans cette association ? ....

b. Par quel instrument les plus jeunes commencent-ils ? ....

c. Comment continuent-ils ensuite l'apprentissage de leur instrument ?

☐ seuls avec des cours particuliers ☐ tous ensemble dans un orchestre

d. Retrouve deux activités proposées et organisées par l'association.

– .... – ....

e. Quel jour les répétitions des orchestres ont-elles lieu ? ....

f. À partir des mots suivants et du texte, complète le tableau sans oublier d'indiquer l'article et le pluriel du mot composé.
der Schüler (-) / das Orchester (-) / das Instrument (-e) / die Jugend / die Probe (-n)

L'**orchestre** des élèves	*das* .... *(-)*
La répétition de l'**orchestre**	....
L'instrument d'**orchestre**	....
L'**orchestre** des jeunes	....

2. Inscris sous chaque vignette le nom de l'instrument que l'on peut apprendre dans cette association de musique.

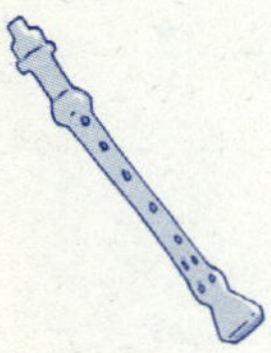

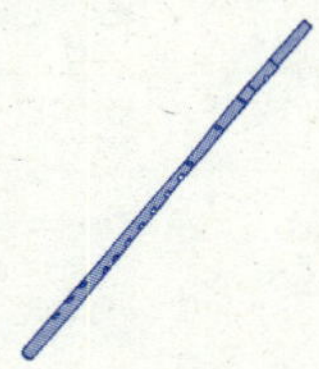

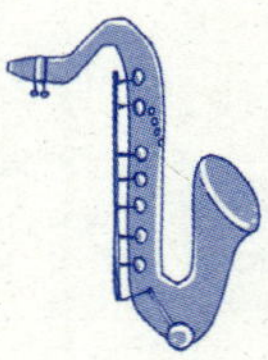

die Blockflöte

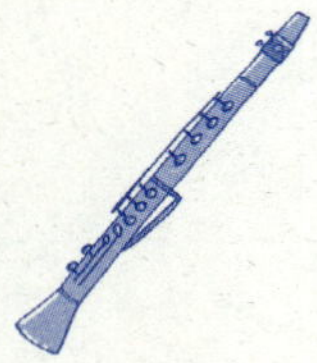

die ....

das ....

die ....

das ....

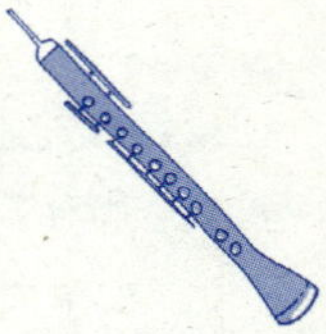

die Posaune

die ....

die ....

Unter der Lupe

LEHRBUCH, S. 101

Jenseits der Stille

1. Welcher Satz passt zu welchem Foto? Schreib die Sätze unter die Bilder!

a. Zu Weihnachten bekommt Lara von ihrer Tante Clarissa eine Klarinette geschenkt.

b. Vor ihrer Abfahrt nach Berlin schenkt Kai ihrer Tochter Lara zwei Karten für ein Konzert von Giora Feidman.

c. Laras Eltern, Kai und Martin, sind gehörlos. Miteinander kommunizieren sie mit der Gebärdensprache.

1

....

2

3

....

2. Zu welchem Konzert wollen Lara und ihre Mutter Kai gehen? Beantworte folgende Fragen!

a. Wie heißt der Musiker? ....

b. In welchen Filmen ist er aufgetreten?

– In „..............................." – In „..............................."

c. Für welchen Film hat er den Oscar für die beste Filmmusik bekommen?

Für ....

d. Finde im www.bordas-tor.fr, welches Musikinstrument er spielt!

Er spielt ....

3. Hör dir den Text an und beantworte folgende Fragen!

Wer sind diese Personen?

a. Wie heißen sie? Kreuze an!

b. Was sind sie von Beruf? Verbinde!

- ☐ Alexandra Bolz •
- ☐ Jakob Claussen •
- ☐ Matthias Habich •
- ☐ Caroline Link •
- ☐ Niki Reiser •
- ☐ Gernot Roll •
- ☐ Luggi Waldleitner •
- ☐ Thomas Wöbke •

- • hat die Musik geschrieben.
- • hat den Film gemacht.
- • haben den Film produziert.
- • ist verstorben. (†)

Extra plus

4. (SCHÜLER 37) Écoute le document sonore de ton CD et réponds aux questions suivantes.

a. Quand le premier morceau de musique du film a-t-il été écrit ? Barre ce qui est faux.
Avant / Après le tournage du film.

b. En quelle année a été tourné le film ? En 199...... .

5. Recherche sur le site www.bordas-tor.fr les informations suivantes sur la réalisatrice et scénariste du film et réponds aux questions.

a. Quand et où est-elle née ? Le .... à ....

b. Pour quel film a-t-elle été nominée aux Oscars en 1998 ? ....

c. Quel est le nom du film qu'elle a adapté d'un roman d'Erich Kästner ? ....

.... **En quelle année a-t-il été tourné ?** En ....

d. Quel est son film qui a remporté l'Oscar du meilleur film en langue étrangère ?

.... **En quelle année ?** En ....

e. Donne les équivalents allemands ou français des mots suivants :

Allemand	Français
	la réalisatrice
	la scénariste
der Kinderfilm	
die Krimiserie	
der Spielfilm	

Grammitraining

LEHRBUCH, S. 102

1. Complète avec le pronom à l'accusatif qui convient, selon le genre des noms : *ihn, es, sie*.
→ Wo sind die Geschenke? – Ich habe *sie* zu Hause gelassen!

a. Mein Kuchen ist fertig gebacken! Stell .... bitte auf den Tisch!

b. Ich mag deine CDs. Bring .... für die Party!

c. Ich nehme dein Fahrrad. Es geht nicht, ich muss .... reparieren.

d. Wann sind Anette und Arno da? – Wir treffen .... um 10 Uhr am Bahnhof.

e. Anette ist so optimistisch! Ich finde .... super!

f. Wie findest du die Namenskette? – Ich mag .... nicht so.

g. Mein Partner Timo hat Ferien. Ich rufe .... heute Abend an.

h. Wo ist dein Fotoapparat? Ich suche .... auch!

i. Lenas Baby hat Zahnschmerzen. Sie nimmt .... in die Arme.

j. Fahren unsere Freunde mit? Wir müssen .... noch fragen.

2. Ajoute les marques du datif qui conviennent : *m* ou *r* ?
→ Was mache ich mit diese*m* Tisch?

a. Timo hat Geburtstag. Ich kann ih........ eine E-Mail schreiben.

b. Was mache ich mit diese........ Vase?

c. Wo ist sie? – Auf de........ Tisch!

d. Was schenkst du deine........ Bruder? – Ich kaufe ih........ Handschuhe.

e. Die Cousins schlafen in meine........ Zimmer.

f. Ihre Taschen sind noch in de........ Küche.

g. Liegt meine Brille auf de........ Büffet?

h. Nein, auf deine........ Bett!

i. Was schenkst du deine........ Schwester? – Ich schenke ih........ Ohrringe.

3. Retrouve les phrases suivantes dans le chapitre 6 et inscris la préposition qui convient.
→ Soll ich den Kuchen wegwerfen? *In* die Biotonne?

a. Den stelle ich .... den Kühlschrank.

b. Wohin kommt der Tisch? – Den stellen wir .... den Kamin.

c. Und das Sofa? – Hier links .... das Fenster.

d. Ich sehe ihn (meinen Teller) nicht. – Hier, ... der Vase!

e. Geburtstagskind, tritt .... den Tisch heran!

f. Ich lege die Servietten schon .... den Tisch!

g. Kannst du mir sagen, wo ich welche kaufen kann? – .... Kaufhof.

h. Rate mal, ... wen sich wohl der Alex setzt! – .... Marion und Karolin.

i. Diese Schüler arbeiten .... Umweltprojekten.

4. Complète les phrases suivantes avec les formes verbales au présent ou au participe II.

a. Sie hilft mir.	→ Sie hat mir ge..............................
b. Wir	→ Wir haben getanzt.
c. Er lässt den Salat.	→ Er hat den Salat ge..............................
d. Er .... zuviel.	→ Er hat zuviel gegessen.
e. .... du einen Kuchen?	→ Hast du einen Kuchen gebacken?
f. Ich spiele ein Solo.	→ Ich habe ein Solo ge..............................
g. .... das Spaß?	→ Hat das Spaß gemacht?
h. Ich stelle die Vase auf den Tisch.	→ Ich habe die Vase auf den Tisch ge..............................

Aktion 3

LEHRBUCH, S. 103

Ein schöner Abend

38

Was ist richtig? Kreuze an!

1. Ulli Hügel telefoniert mit ihrer Freundin. Die Freundin heißt ...

☐ Reinhild Runig. ☐ Mechthild Honig. ☐ Brunhild Madig.

2. Der Mann von der Freundin ...

☐ hat im Moment keine Arbeit.
☐ hat wieder eine Arbeit gefunden.
☐ arbeitet bei Kaufhof.

3. Der Mann von der Freundin ist von Beruf ...

☐ Bürokaufmann. ☐ Verkäufer. ☐ Werkzeugmechaniker.

4. Die Hügel Zwillinge haben ihren 14. Geburtstag gefeiert. Ihre Eltern waren in der Zeit ...

☐ chinesisch essen. ☐ italienisch essen. ☐ französisch essen.

5. Sie haben sich dann den Film ...

☐ „Jenseits der Stille" angesehen.
☐ „Die Wilden Kerle 4" angesehen.
☐ „Das Wunder von Bern" angesehen.

6. Die Eltern fanden den Film ...

☐ toll. ☐ nicht so gut. ☐ schlecht.

7. Das Essen war ...

☐ gut. ☐ nicht so gut. ☐ super lecker.

8. Als Dessert hat Frau Hügel ...

☐ eine Schokotorte gegessen.
☐ ein Mangoeis gegessen.
☐ einen Vanillepudding gegessen.

Ce que je sais...

LEHRBUCH, S. 104-105

Tu veux ...

1. dire à quelqu'un de mettre la lampe dans la chambre à coucher :
   .... 0 | 0,5 | 1

2. dire à quelqu'un que les fourchettes sont en bas à gauche :
   .... 0 | 0,5 | 1

3. dire à quelqu'un de poser le journal sur le canapé :
   .... 0 | 0,5 | 1

4. dire à quelqu'un de mettre le vase à côté de la cheminée :
   .... 0 | 0,5 | 1

5. dire que tu n'as pas d'ordinateur :
   .... 0 | 0,5 | 1

6. dire que le verre est cassé :
   .... 0 | 0,5 | 1

7. dire que les boîtes de conserves vont dans la poubelle jaune :
   .... 0 | 0,5 | 1

8. dire que les boîtes de coca-cola sont consignées :
   .... 0 | 0,5 | 1

9. dire que ta sœur joue du piano :
   .... 0 | 0,5 | 1

10. dire que tu as déjà participé à un concours de musique :
    .... 0 | 0,5 | 1

11. demander à quelqu'un où il / elle doit déplacer le fauteuil :
    .... 0 | 0,5 | 1

12. demander à quelqu'un où il / elle doit accrocher le poster :
    .... 0 | 0,5 | 1

13. demander à quelqu'un si il / elle sait où se trouvent ses lunettes :
    .... 0 | 0,5 | 1

14. demander à quelqu'un si il / elle a un couteau :

.... 0 | 0,5 | 1

15. demander à quelqu'un d'ouvrir la fenêtre :

.... 0 | 0,5 | 1

16. demander où tu dois jeter les restes du repas :

.... 0 | 0,5 | 1

17. demander à quelqu'un de quel instrument de musique il / elle joue :

.... 0 | 0,5 | 1

18. demander à quelqu'un qui a réalisé le film « Jenseits der Stille » :

.... 0 | 0,5 | 1

19. féliciter quelqu'un à l'occasion de son anniversaire :

.... 0 | 0,5 | 1

20. remercier quelqu'un de son cadeau :

.... 0 | 0,5 | 1

Punktestand : ... / 20

Wie gut du bist!

Zertifikation A1

LEHRBUCH, S. 104-105

Lesen

1. In einer E-Mail an einen französischen Freund erzählt Katja von ihrer Geburtstagsparty. Bring die Sätze in die richtige Reihenfolge! Nummeriere sie von 1 bis 11!

	Nr	0	2
a. Tschüs, viele Grüße und bis bald, deine Katja.			
b. Alle meine Freunde sind gekommen.	3		
c. Heute bin ich 15 geworden und ich habe eine Geburtstagsparty organisiert.			
d. Sie haben mir ein tolles neues Videospiel geschenkt.			
e. Dann haben wir eine Pause gemacht und den Geburtstagskuchen gegessen.			
f. Hallo Thomas, wie geht's?			
g. Nach der Pause haben wir weiter gefeiert, das war echt super!			
h. Aber nach der Party haben wir leider beim Aufräumen Mamas Vase kaputt gemacht.			
i. Wie wird sie wohl darauf reagieren?			
j. Wir haben Musik gehört und getanzt.			
k. In der Pause haben mir meine Freunde ein Geschenk gegeben.			

Punktestand : ... / 20 ⩾ **50 %** = ☺

Hören

1. Wo waren die Personen am Wochenende? Eine Ortsangabe bleibt übrig.

	Hörtext Nr	0	2
a. Im Zoo			
b. Auf einer Party			
c. Im Museum			
d. Im Theater			
e. Zu Hause			
f. Im Kino			

Punktestand : … / 10

2. Reportage über eine Musikerin. Was ist richtig? Was ist falsch? Kreuze an!

	Richtig	Falsch	0	2
a. Raphaela Burger spielt Klavier und Klarinette.	☐	☐		
b. Sie hat den 1. Preis beim Musikwettbewerb „Jugend musiziert" gewonnen.	☐	☐		
c. Sie mag auch Kino und trifft auch gern ihre Freunde.	☐	☐		
d. Sie hat zum ersten Mal am Musikwettbewerb teilgenommen.	☐	☐		
e. Die ganze Familie von Raphaela spielt ein Instrument.	☐	☐		

Punktestand : … / 10

Punktestand : … / 20

$\geqslant$ **50 %** = ☺

Kapitel 7

Aktion 1

LEHRBUCH, S. 107

Besprechung vor der Klassenfahrt

Was ist richtig? Kreuze an!

	Richtig	Falsch
1. Frau Wagner, die Klassenlehrerin, organisiert eine letzte Besprechung vor der Klassenfahrt.	☐	☐
2. Leon unterbricht Frau Wagner.	☐	☐
3. Wenn Leon sie noch einmal unterbricht, bekommt er noch mehr Hausaufgaben.	☐	☐
4. Leon entschuldigt sich nicht bei Frau Wagner.	☐	☐
5. Jana hat eine Frage.	☐	☐
6. Sie will wissen, wann der Bus abfährt.	☐	☐
7. Die Schüler sollen ungefähr 25 Euro Taschengeld mitnehmen.	☐	☐
8. Elias möchte seine Gitarre mitnehmen.	☐	☐
9. Der Bus fährt pünktlich um 8 Uhr ab.	☐	☐

Melodien

Hör dir die folgenden Wörter an! Markiere mit einem Fluofilz die betonte Silbe!

Beispiel : Entschuldigung   Taschengeld

a. pünktlich   **b.** Arbeit   **c.** Verpackung   **d.** wegwerfen   **e.** Kühlschrank

f. Mechaniker   **g.** vegetarisch   **h.** erklären   **i.** Information   **j.** trainieren

Auf Wörtertournee

LEHRBUCH, S. 108

1. Naturfreak bei jedem Wetter !

En regardant la page 108 de ton manuel, trouve quelles activités sont liées au temps chaud et sec, quelles autres au temps froid et humide.

Activités liées à un temps chaud et sec	Activités liées à un temps froid et humide
....	....
....	....
....	....
....	....
....	....
....	....
....	....
....	....

2. Postkarten

Léon est en Corse et Sophie dans les Vosges. Aide-les à rédiger chacun une carte postale dans laquelle ils relatent leurs activités de pleine nature en fonction du temps qu'il fait. Ils profitent de l'occasion pour dire à la fin comment ils utilisent l'argent de poche offert.

Hallo Oma!
Mir geht's prima hier auf Korsika!
Wir haben viel Sonne. Es ist schön warm!
Wir zelten in der Nähe von Calvi. Jeden Tag ……
……
Am Vormittag …… und am
Nachmittag ……
Am Abend ……
Wenn es morgen nicht zu heiß ist, wollen wir ……
……
Ich danke Dir für das Taschengeld. Damit ……
……
Alles Liebe, Dein Leon

Frau Löhmer
Radbrunnenstraße 50
34346 Hann. Münden

Deutschland

Schönen Gruß aus den Vogesen!
Uns geht's gut, aber das Wetter ist so schlecht!
Wir sind noch in der Jugendherberge. Es regnet und es ist kalt! Wir wollten ……
aber jeden Tag müssen wir ……
Am Abend ……
Heute Vormittag wollen wir ……
und am Nachmittag ……
Und wenn es morgen noch regnet, könnten wir ……
……
Danke für die 30 Euro. Ich werde damit ……
……
Bis bald! Sophie

Familie Rauschenbach
Schützenstraße 44
52062 Aachen

Deutschland

Auf Wörtertournee

LEHRBUCH, S. 109

Tipps zum Packen

1. Lis la feuille de recommandations des professeurs et réponds aux questions.

a. Wie heißen die Lehrerin und der Lehrer? ……

b. Welche Klassen machen die Klassenfahrt? ....

c. Wann ist die Abfahrt? ....

2. Jana a sous les yeux la liste de tous les objets qu'elle va emporter. Cherche ces mots dans ton lexique et classe-les en fonction de leur genre dans la bonne valise.

masculin	*der Pullover / der MP3-Player /* ....
neutre	*das Buch /* ....
féminin	*die Wäsche / die Tageskleidung /* ....
pluriel	*die Toilettenartikel /* ....

3. Que doivent emporter les élèves pour écrire ?

Die Schüler sollen einen .... und einen .... mitnehmen.

4. Quelles affaires Jana a-t-elle déjà mises dans son sac ?

Jana hat schon ihren Pullover, ...

....

.... eingepackt.

5. Quelles affaires, notées sur le post-it, Jana souhaite-t-elle ajouter ?

Jana möchte ihren MP3-Player, ...

.... mitnehmen.

Atmosphären

LEHRBUCH, S. 110

Hausordnung

1. Schreib unter jedes Bild den richtigen Satz aus der Hausordnung (Seite 110)!

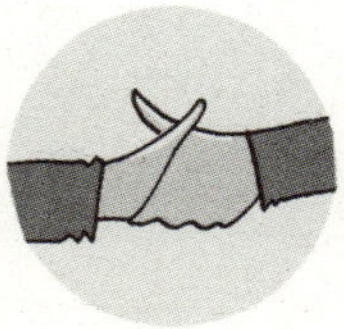

a. Seid zu allen Gästen freundlich!

b. ....

c. ....

d. ....

e. ....

f. ....

g. ....

h. ....

2. Was sollen die Gäste der Jugendherberge Waldeck machen?

a. Sie sollen zu allen Gästen freundlich sein.

b. Sie sollen ....

c. Sie sollen ....

d. Sie sollen ....

e. Sie ....

f. Sie ....

g. Sie ....

h. ....

i. ....

3. Was dürfen die Gäste der Jugendherberge Waldeck nicht machen?

a. Sie dürfen keine Abfälle in die Toiletten werfen.

b. Sie dürfen ....

c. Sie dürfen ....

d. ....

e. ....

Atmosphären

LEHRBUCH, S. 111

Wetter von Heute

Wie ist das Wetter in Europa?

Beantworte folgende Fragen!

a. Wo scheint die Sonne? ....

b. Wie ist das Wetter in Moskau? ……………………………………

c. Wo ist es bewölkt? ……………………………………

d. Wie ist das Wetter in Großbritannien? ……………………………………

e. Wie viel Grad gibt es in Wien? ……………………………………

Wie ist das Wetter in Deutschland?

1. Hör dir den Text 1 an und beantworte folgende Fragen!

a. Wo gibt es nachts Schauer? Kreuze an! (x 2)

☐ im Osten ☐ im Südosten ☐ im Südwesten ☐ im Westen

b. Wo gibt es tagsüber noch Schauer? Kreuze an! (x 1)

☐ im Norden ☐ im Osten ☐ im Süden ☐ im Westen

c. Wie ist sonst das Wetter tagsüber? Kreuze an! (x 2)

☐ Es schneit. ☐ Es ist sonnig. ☐ Es ist windig. ☐ Es ist wolkig.

d. Wie hoch sind die Temperaturen? Sie erreichen …………… bis …………… Grad.

2. Hör dir den Text 2 an und beantworte folgende Fragen!

a. Für welche Tageszeit ist der Wetterbericht? Kreuze an!

☐ für den Vormittag ☐ für den Nachmittag ☐ für den Abend

b. Wo scheint am meisten die Sonne? Kreuze an! (x 1)

☐ in den Alpen ☐ an der Nordsee ☐ im Westen

c. Wo fällt etwas Schnee? Kreuze an! (x 1)

☐ in den Alpen ☐ an der Nordsee ☐ im Westen

d. Wie hoch sind die Temperaturen? Kreuze an!

☐ Sie erreichen 5 bis 10 Grad. ☐ Sie erreichen 4 bis 7 Grad.

e. Für welchen Tag sind die Aussichten?

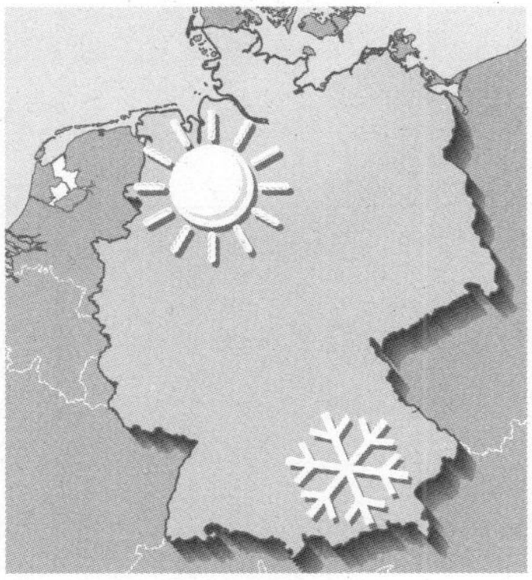
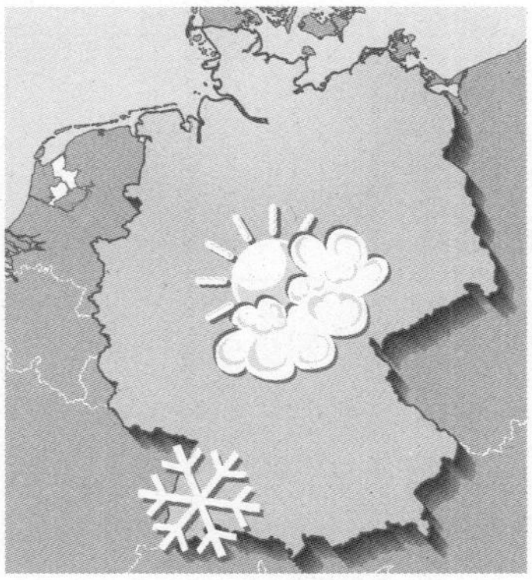

…………………… Dienstag ……………………

3. Hör dir den Text 3 an und beantworte folgende Fragen!

a. Wie ist das Wetter nach Mitternacht an der Nordsee? Kreuze an! (x 2)

Es gibt… ☐ Nebel ☐ Regen ☐ Schneeflocken ☐ Sonne

b. Wie ist das Wetter am Tag fast überall in Deutschland?

☐ Die Sonne scheint. ☐ Es schneit. ☐ Es ist wolkig.

c. Wo weht ein frischer Wind mit starken Böen? Kreuze an!

☐ im Norden ☐ im Osten ☐ im Süden ☐ im Westen

d. Wie viel Grad gibt es nachts? Ergänze!

– *in den Alpentälern*: bis - .... Grad

– *auf Sylt*: + ... Grad

e. Wie hoch liegen die Temperaturwerte am Tag? Kreuze an!

– *im Süden*: - .... Grad

– *im Nordwesten*: + ... Grad

4. Hör dir den Text 4 an und beantworte folgende Fragen!

a. Womit grüßt der Journalist die Zuschauer? Kreuze an!

☐ mit „Guten Morgen" ☐ mit „Guten Tag" ☐ mit „Guten Abend"

b. Wie ist das Wetter am Morgen?

• Wie kalt ist es? Verbinde!

im Norden •	• Es ist ein frostiges Wetter.
im Süden •	• Es ist mild.

• Was gibt es noch? Kreuze an!

☐ Gewitter ☐ Nebel ☐ Sonne

c. Wie ist das Wetter am Nachmittag? Kreuze an! (x 2)

☐ blau ☐ grau ☐ nebelig trüb ☐ windig

d. Wie hoch liegen die Temperaturwerte? Zwischen .... und .... Grad.

e. Was sind die Aussichten fürs Weihnachtswochenende? Füll das Raster aus!

Wann?	Was?
Morgen	mehr .... als ....
am	auch mehr .... als ....
am Heiligabend	etwas mehr ...., aber auch ....
am .... Weihnachtstag	das Gleiche
am .... Weihnachtstag	das Gleiche

f. Was wünscht der Journalist den Zuschauern am Ende des Wetterberichts? Kreuze an!

☐ schöne Ferien ☐ ein schönes Fest ☐ einen schönen Geburtstag

Und in Kassel?

Was ist die Vorhersage für die nächsten drei Tage? Beantworte folgende Fragen!

a. Was ist die Höchsttemperatur am Sonntag? ....

b. Wie ist das Wetter am Montagvormittag? ....

c. Wann regnet es ein bisschen? ....

d. Wann scheint etwas die Sonne? ....

e. Wie ist das Wetter in der Nacht von Montag auf Dienstag? ....

Atmosphären

LEHRBUCH, S. 111

Wetter von Heute

Extra plus

Écoute les trois documents sonores de ton CD. Associe les cartes de prévisions météorologiques aux documents.

Document sonore n°......

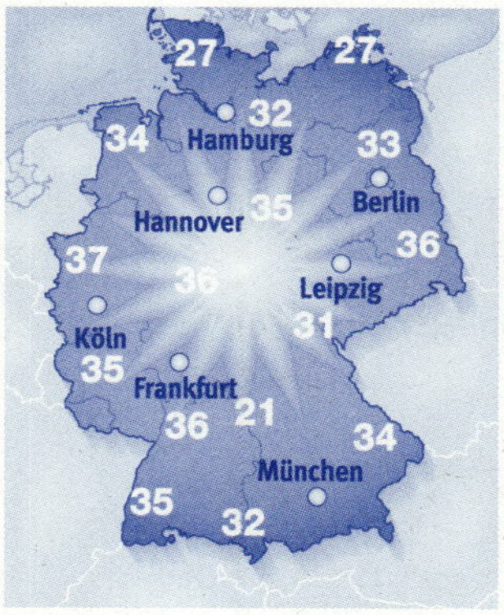

Document sonore n°......

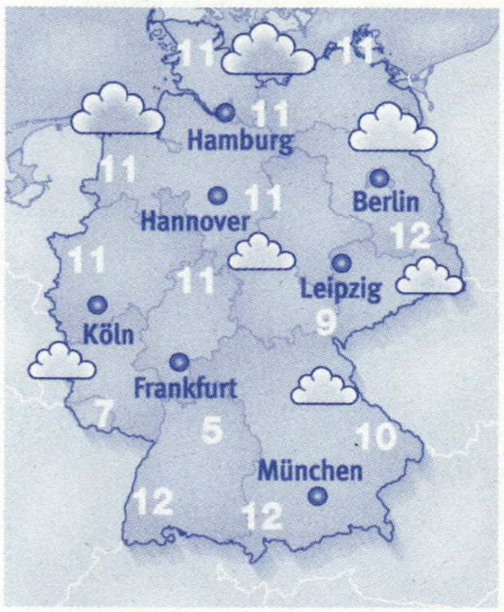

Document sonore n°......

Écoute à nouveau le document sonore n°1 et réponds aux questions suivantes :

1. **Pour quelle partie de la journée les prévisions météorologique sont-elles faites ?**
☐ pour le matin ☐ pour l'après-midi ☐ pour le soir ☐ pour la nuit

2. **Quel est le temps annoncé ? Coche la bonne réponse.**
☐ Le soleil brille. ☐ Il pleut. ☐ Il neige.

3. **Quel est le temps au centre et au sud-ouest de l'Allemagne ? Coche la bonne réponse.**
☐ de la neige ☐ des orages ☐ des averses

4. **Quel adjectif est employé pour désigner :**
– un temps lourd ? ☐ *heiß* ☐ *kalt* ☐ *mild* ☐ *schwül*
– un temps très chaud ? ☐ *heiß* ☐ *kalt* ☐ *mild* ☐ *schwül*

5. **Quelle est la fourchette des températures ?**
Entre .... et .... degrés.

6. **Quelles sont les températures au bord de la Mer du Nord et de la Mer Baltique ?**
Elles sont en dessous de .... degrés.

7. **Quel jour le risque d'orage devient-il plus important ?**
Le ....

Écoute à nouveau le document sonore n° 2 et réponds aux questions suivantes :

1. **Sur quelle partie de l'Allemagne y a-t-il des nuages ? Coche la bonne réponse.**
☐ entre le Danube et la Spree ☐ entre l'Ems et l'Oder ☐ entre le Rhin et la Fulda

2. **Quel est le temps annoncé pour la journée sur l'ensemble du pays ? Coche la bonne réponse.**
☐ Le soleil brille. ☐ Il pleut. ☐ Il neige.

3. Quelle est la fourchette des températures ?

Entre .... et .... degrés.

4. Quel est le temps annoncé pour samedi ? Associe les éléments.

au nord-est •	• Il fait beau.
au nord-ouest •	
au sud-est •	• Il pleut.
au sud-ouest •	

5. En dessous de quelle altitude peut-il neiger dimanche ?

En dessous de .... mètres.

6. Quelle est la fourchette des températures pour le troisième dimanche de l'Avent ?

Entre .... et .... degrés.

7. Comment sera Noël ?

a. Coche la bonne réponse.

☐ Il sera blanc. ☐ Il sera bleu. ☐ Il sera gris.

b. Complète l'expression par l'adjectif de couleur : *ein* .... *es Weihnachten*

Écoute à nouveau le document sonore n° 3 et réponds aux questions suivantes :

SCHÜLER 42

1. Quel temps fera-t-il la nuit ? Coche la bonne réponse.

☐ Il y aura des nuages. ☐ Il fera beau. ☐ Il neigera. ☐ Il y aura des orages.

2. Quel temps fera-t-il dans la journée ? Coche la bonne réponse.

☐ Le soleil brillera. ☐ Il pleuvra. ☐ Il neigera. ☐ Il y aura des orages.

3. Quelle est la température annoncée en forêt bavaroise ?

.... degrés

4. Quelle est la température annoncée le long du Rhin ?

.... degrés

5. Dans quelle nuit fera-t-il 6° dans les Alpes et entre 7° et 13° ailleurs ?

Dans la nuit de ....

6. Quel sera le temps pour les jours suivants ? Coche la bonne réponse.

☐ Il fera beau. ☐ Il pleuvra. ☐ Il neigera.

7. Quelle température pourra-t-on atteindre ? Coche la bonne réponse.

☐ 18° ☐ 22° ☐ 28° ☐ 31°

Va sur le site www.bordas-tor.fr qui te donnera les liens utiles pour répondre aux questions suivantes.

1. Complète la carte des températures de l'Autriche : indique les villes principales ainsi que les températures maximales et minimales.

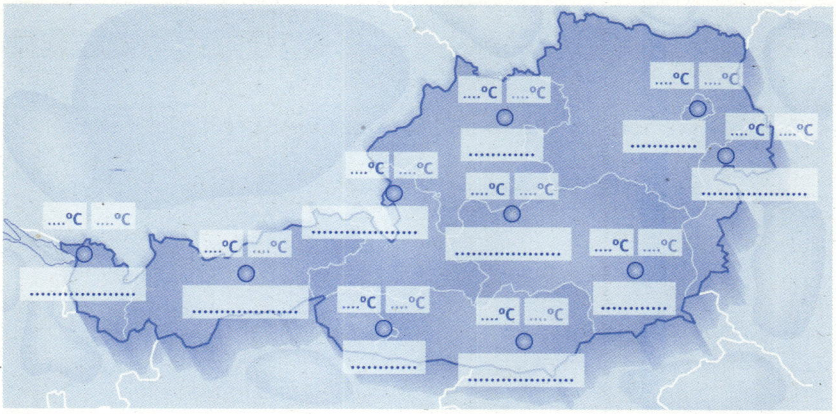

Indique ici la date :

2. **Complète la carte des prévisions météorologiques de la Suisse : indique les villes principales et dessine les symboles.**

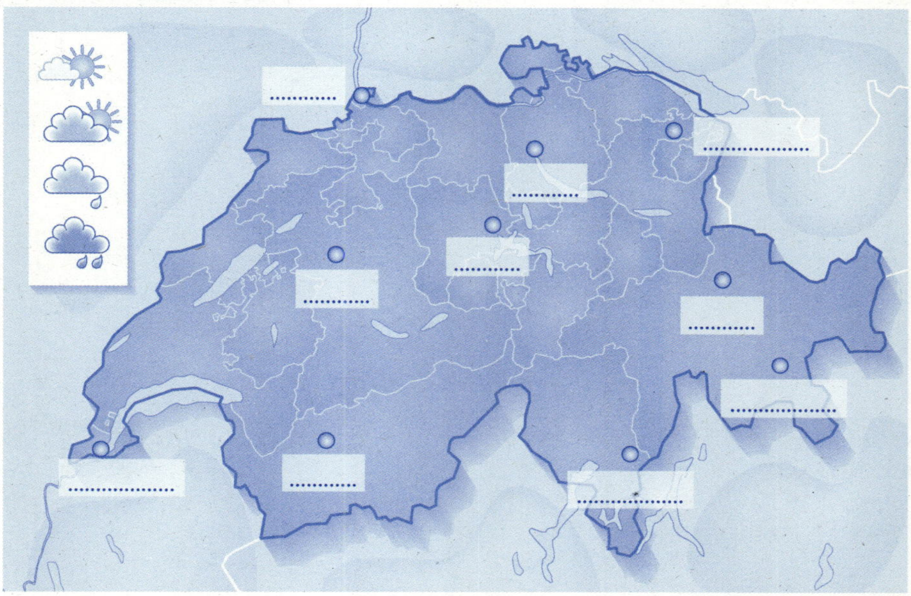

Indique ici la date :

3. **Choisis maintenant une ville allemande et note ci-dessous les informations qui vont te servir à faire un bulletin météorologique.**

a. Inscris ici le nom de la ville que tu as choisie : ....

b. Complète le tableau suivant :

	Heute			**Morgen**		
	morgens	mittags	abends	morgens	mittags	abends
Wetter						
Temperatur						
Wind						

Miteinander

LEHRBUCH, S. 112-113

Von mir zu dir

Tu vas partir en voyage scolaire. Indique sur ton agenda personnel ce que tu comptes faire si c'est possible.

Exemple : *Opa eine Postkarte schreiben (wenn ich Zeit habe).*

....

....

....

....

Im Schüleratelier

Écris une partie de l'article sur le séjour à Waldeck pour le blog du Friedrichsgymnasium. N'oublie pas de mettre un titre et la date !

....

....

....

....

....

....

Aktion 2

LEHRBUCH, S. 114-115

Kurz vor dem Schlafengehen

Welche Antwort ist richtig? Kreuze an!

1. Was möchte Jana benutzen?

☐ Janas MP3-Player. ☐ Janas CD-Player. ☐ Janas DVD-Player.

2. Was muss Sophie heute Abend noch machen?

☐ sich die Haare waschen ☐ sich ein T-shirt waschen ☐ sich die Füße waschen

3. Was hat Sophie vergessen?

☐ ihre Zahncreme ☐ ihre Cremespülung ☐ ihre Seife

4. Was fehlt Laura?

☐ ihre Zahncreme ☐ ihre Cremespülung ☐ ihre Seife

5. Der Hund von der Jugendherberge...

☐ ist krank. ☐ stinkt. ☐ ist böse.

6. Özge würde gerne die Jungs...

☐ unterhalten. ☐ ärgern. ☐ besuchen.

7. Sophie soll...

☐ den Freundinnen helfen. ☐ ins Bett gehen. ☐ sich die Zähne putzen.

8. Sophie hat ein bisschen...

☐ Angst. ☐ Hunger. ☐ Durst.

Melodien

Du hörst jetzt eine Serie von 15 Wörtern. Hörst du „Sp", „St" oder „Sch"?

	1	2	3	4	5	6	7	8	9	10	11	12	13	14	15
Sp Spatz	☐	☐	☐	☐	☐	☐	☐	☐	☐	☐	☐	☐	☐	☐	☐
St Storch	☐	☐	☐	☐	☐	☐	☐	☐	☐	☐	☐	☐	☐	☐	☐
Sch Schmiere	☐	☐	☐	☐	☐	☐	☐	☐	☐	☐	☐	☐	☐	☐	☐

Interaktionen

Was ist alles möglich, wenn... ?

1. Wenn ich 20 bin, ...
2. Wenn ich nach Kassel fahre, ...
3. Wenn ich nur gute Noten habe, ...
4. Wenn ich in Deutschland bin, ...
5. Wenn ich biwakiere, ...
6. Wenn ich meine Tante besuche, ...

Unter der Lupe

LEHRBUCH, S. 116

Naturerlebnis pur!

1. Lies die Texte auf Seite 116!

a. Was passt zusammen? Verbinde!

14 •	• Naturparke
90 •	• Naturlandschaften
100 •	• Nationalparke

b. Wie heißt der Nationalpark Hessens? ....

c. Wie heißt auch der Edersee? ....

d. Was für Freizeitaktivitäten kannst du da machen? Füll das Raster aus!

im Nationalpark	– ....
am Edersee	– .... – .... – ....
auf der Eder	– ....
im Naturpark	– .... – ....
im Wildpark Edersee	– ....

2. Lies noch einmal die Texte! Was ist richtig? Was ist falsch? Kreuze an und korrigiere die falschen Aussagen!

	Richtig	Falsch
a. Die Natur nimmt ca.10% der Fläche der Bundesrepublik Deutschland ein.	☐	☐
....		
b. Beim Wandern kann man sich über Tiere und Pflanzen informieren.	☐	☐
....		
c. Der Wildpark Edersee ist für Kinder.	☐	☐
....		
d. Der Nationalpark Kellerwald – Edersee: Shopping pur!	☐	☐
....		

3. Hör dir den Text an! Was ist richtig? Kreuze an!

a. Willkommen im ☐ Freizeitpark! ☐ Erlebnis-Wildpark! ☐ Naturpark!

b. Genießen Sie einen tollen ☐ Nachmittag ☐ Tag ☐ Ausflug für die ganze Familie!

c. Beobachten und erleben Sie hautnah Tiere auf über ☐ 10 Hektar! ☐ 100 Hektar! ☐ 200 Hektar!

d. Genießen Sie als besondere Attraktion den Anblick ☐ der Polarwölfe! ☐ der europäischen Wölfe! ☐ der indischen Wölfe!

e. Seien Sie dabei, wenn ☐ die Tiger ☐ die Wölfe ☐ die Bären gefüttert werden und wenn sie ☐ heulen. ☐ schlafen. ☐ spielen.

f. Besuchen Sie die ☐ schöne ☐ tägliche ☐ faszinierende Greifvogel-Flugschau!

g. Erleben Sie unsere ☐ Haustiere ☐ Wildtiere ☐ Jungtiere zum Anfassen nah!

h. Unser ☐ Ferienprogramm ☐ Kulturprogramm ☐ Veranstaltungsprogramm bietet Führungen für ☐ Naturfreunde, ☐ Tierfreunde, ☐ Umweltfreunde, Geburtstagsfeiern und ☐ Tagestouren. ☐ Radtouren. ☐ Nachtwanderungen.

i. Besuchen Sie auch ☐ unsere Cafeteria ☐ unser Restaurant ☐ unseren Kiosk direkt am Haupteingang!

j. Der Park ist ein unvergessliches Erlebnis und ein Spaß
☐ für Jung und Alt. ☐ für alle Kinder. ☐ für alle Jungen.

Unter der Lupe

LEHRBUCH, S. 116

Naturerlebnis pur!

Extra plus

Lis le texte.

Freizeittipp: Mit den Wölfen heulen!
Es gibt jeden Monat einen Wolfsheulabend – immer, wenn Vollmond ist. Die Besucher der „Wolfsnacht" können die Wölfe des Wildparks persönlich kennen lernen. Sie erhalten Informationen und können Fragen rund um den Wolf stellen. Wenn die Verhaltensforscherin Maria Hegel losheult, heulen die Wölfe einfach mit. Und auch die Besucher dürfen mitmachen.
Die Wölfe heulen, weil sie einen Partner suchen oder weil sie kommunizieren wollen, zu zweit oder in einer Gruppe. Das laute Heulen ist über viele Kilometer zu hören. Wenn die ganze Gruppe heult, nennt man das Chorheulen.
Kinderwolfsclub, Geschichten am Lagerfeuer und im Indianerzelt gehören auch zum Programm und machen diesen Tag zu einem unvergesslichen Erlebnis!

Une erreur s'est glissée dans chacune des phrases suivantes. Souligne ce qui est faux ou inexact et recopie la phrase en corrigeant l'erreur à l'aide du texte.

a. Es gibt jeden Tag einen Wolfsheulabend.

....

b. Die Besucher können die Bären des Wildparks persönlich kennen lernen.

....

c. Die Verhaltensforscherin heißt Marion Tegel.

....

d. Wenn die Wölfe heulen, müssen die Besucher ruhig sein.

....

e. Die Wölfe heulen, weil sie Hunger haben.

....

f. Die Wölfe heulen allein.

....

g. Das Heulen der Wölfe ist über 500 Meter zu hören.

....

h. Spiele am Lagerfeuer gehören auch zum Programm.

....

Unter der Lupe

LEHRBUCH, S. 117

Der Schatz im Silbersee

1. Beantworte folgende Fragen!

a. Wer hat *Der Schatz im Silbersee* geschrieben? ....

b. Wie heißen die beiden Hauptfiguren? .... und ....

2. Welcher Ausdruck passt zu welchem Foto? Schreib die richtige Antwort!

a. einen Schatz finden.
b. durch den Wilden Westen reiten.
c. auf stillem Wasser Kanu fahren.
d. Freunde wieder sehen

1

....

....

3

....

....

4

....

....

2

....

....

3. Va sur le site www.bordas-tor.fr. Tu y trouveras des liens pour obtenir les renseignements suivants sur Karl May.

a. Indique sa date de naissance et celle de sa mort : .... et ....

b. Quel genre de romans a-t-il écrit? Coche la bonne réponse.

☐ des romans d'aventure ☐ des romans psychologiques ☐ des romans romantiques

c. Où se déroulent les actions de ses romans ? Coche les bonnes réponses.

☐ en Allemagne ☐ au Far West ☐ en France
☐ en mer ☐ au Pôle Nord ☐ au Proche-Orient

d. Cite trois des nombreux pseudonymes qu'il a utilisés.

....

Grammitraining

LEHRBUCH, S. 118

1. Complète avec la forme verbale qui convient. Choisis dans la liste suivante : *muss, müssen, will, willst, wollen, mag, darf, dürft, kann, kannst, soll.*

Exemple : *Ich* ***muss*** *noch meine Tasche packen.*

a. Ich gehe morgen ins Kino. .... du mit?

b. Ich .... nicht. Ich habe Schule.

c. Wie viele T-shirts .... ich mitnehmen?

d. Ich .... ja nichts sagen, aber wir bleiben nur zwei Tage!

e. Herr Mang, ... Sie nicht mitfahren?

f. .... ich mal deinen Fotoapparat haben? – Ja, klar!

g. Leute, ihr .... nicht auf den Betten herumturnen!

h. Mensch! Es regnet! – Nun .... wir nach Hause.

i. Ich .... Regen auch nicht.

j. Ich habe Hunger. Ich .... etwas essen.

2. Aide-toi du modèle pour exprimer ce que tu fais dans les cas évoqués de a. à j. Tu peux suivre l'ordre de k. à t. ou bien choisir toi-même dans cette même liste quelle action associer.

Hunger
Ich koche gern und gut.
Wenn ich Hunger habe, koche ich gern und gut!

a. Stress – **b.** Zeit – **c.** Schule – **d.** noch Zucker – **e.** eine Pause – **f.** genug Geld – **g.** eine gute Note – **h.** Geburtstag – **i.** Freunde zu Hause – **j.** Hilfe

k. ich gehe joggen – **l.** ich lese – **m.** ich gehe abends früh ins Bett – **n.** ich backe einen zweiten Kuchen – **o.** ich schicke dir einen SMS – **p.** ich kaufe noch ein Geschenk – **q.** ich freue mich – **r.** ich lade Freunde ein – **s.** ich schlafe auf dem Sofa – **t.** ich räume auf

3. Quelles questions les élèves et le professeur posent-ils avant le départ ? En relisant le chapitre 7, complète chacune d'elles à l'aide d'un mot interrogatif commençant par W.

Wann kriegen wir unsere Klassenarbeit zurück?

a. .... sollen wir mitnehmen?

b. .... fährt mit?

c. .... fahren wir los? – In drei Tagen!

d. .... Taschengeld brauchen wir?

e. .... werden wir schlafen? – In der Jugendherberge.

f. .... sollen sich die Gäste verhalten?

g. .... dürfen sie nicht machen?

h. .... ist das Wetter heute in Waldeck?

I. .... ist die Vorhersage für drei Tage?

j. .... machen wir, wenn es regnet?

Aktion 3

LEHRBUCH, S. 119

Im Bus auf der Rückfahrt nach Kassel

1. Für Frau Wagner war der Aufenthalt in Waldeck...

☐ schön. ☐ doof. ☐ nicht so gut.

2. **Leon meint, dass es...**
- ☐ eine geniale Woche war.
- ☐ eine tolle Woche war.
- ☐ eine langweilige Woche war.

3. **Was hat Sophie am Besten gefallen?**
- ☐ Die Burgwanderung.
- ☐ Das Segeln.
- ☐ Die Nachtwanderung.

4. **Was hat Leon gut gefallen?**
- ☐ Die Nachtwanderung.
- ☐ Der Segelkurs.
- ☐ Die Burgwanderung.

5. **Was war für Elias das Schönste?**
- ☐ Die Nachtwanderung.
- ☐ Die Burgwanderung.
- ☐ Der Segelkurs.

6. **Wie fand Elias die Waschbären?**
- ☐ süss
- ☐ gefährlich
- ☐ komisch

7. **Was hat Özge im Zirkuskurs gelernt?**
- ☐ Jonglieren.
- ☐ Segeln.
- ☐ Reiten.

8. **Was fand Laura am Besten?**
- ☐ Sie fand es am Besten, dass sie die Jungen geärgert haben.
- ☐ Sie fand es am Besten, dass sie auf die Burg Waldeck gewandert sind.
- ☐ Sie fand es am Besten, dass sie gesegelt sind.

9. **Wer hatte Angst vor den Wölfen?**
- ☐ Leon
- ☐ Elias
- ☐ Alex

Ce que je sais...

LEHRBUCH, S. 120-121

Tu veux ...

1. dire que le temps est froid pour un printemps :
   .... | 0 | 0,5 | 1 |
2. dire que le temps est ensoleillé et qu'il y a aussi un peu de vent :
   .... | 0 | 0,5 | 1 |
3. proposer à quelqu'un de faire du camping :
   .... | 0 | 0,5 | 1 |
4. dire qu'il sera possible de faire de la voile dimanche :
   .... | 0 | 0,5 | 1 |
5. dire que tu vas à la piscine après le déjeuner :
   .... | 0 | 0,5 | 1 |
6. dire que tu préfères aller en ville :
   .... | 0 | 0,5 | 1 |
7. dire que tu as acheté ... pour toi :
   .... | 0 | 0,5 | 1 |
8. dire que tu vas acheter avec ton argent de poche le nouveau CD de ... :
   .... | 0 | 0,5 | 1 |
9. dire que tu es en Italie depuis samedi dernier :
   .... | 0 | 0,5 | 1 |

10. dire que tu y restes encore environ une semaine :

.... 0 | 0,5 | 1

11. demander à quelqu'un le programme de la journée :

.... 0 | 0,5 | 1

12. demander à quelqu'un le temps qu'il fait à ... :

.... 0 | 0,5 | 1

13. demander à quelqu'un ce qu'il est possible de faire à ... quand il pleut :

.... 0 | 0,5 | 1

14. demander à quelqu'un si il / elle est d'accord avec toi :

.... 0 | 0,5 | 1

15. demander à quelqu'un combien d'argent de poche il / elle a :

.... 0 | 0,5 | 1

16. demander à quelqu'un ce que tu peux acheter avec ... euros :

.... 0 | 0,5 | 1

17. demander à quelqu'un si il / elle a déjà acheté des souvenirs :

.... 0 | 0,5 | 1

18. demander à quelqu'un ce qu'il / elle a mis dans sa valise :

.... 0 | 0,5 | 1

19. demander à quelqu'un depuis quand il / elle est en Autriche :

.... 0 | 0,5 | 1

20. demander à quelqu'un jusqu'à quand il / elle y reste encore :

.... 0 | 0,5 | 1

Punktestand : ... / 20

Wie gut du bist!

Zertifikation A1

LEHRBUCH, S. 120

Hören

1. Was sollen die Personen machen? Welcher Hörtext passt zu welchem Bild? Schreib die richtige Textnummer!

Hörtext Nr ....

Hörtext Nr ....

Hörtext Nr ....

Hörtext Nr ....

Hörtext Nr ....

Punktestand : ... / 10

2. Wie wird das Wetter morgen sein? Was ist richtig? Was ist falsch? Kreuze an!

	Richtig	Falsch	0	2
a. Es ist die Wettervorhersage für Sonntag, den 14. Mai.	☐	☐		
b. In der Nacht kommt etwas Regen vom Nordwesten.	☐	☐		
c. In der Nacht liegen die Temperaturwerte unter 0 Grad.	☐	☐		
d. Am Sonntag wird es viel Sonne und auch etwas Nebel geben.	☐	☐		
e. Am Mittwoch wird es wolkig und mild sein.	☐	☐		
		Total		

Punktestand : ... / 10

Punktestand : ... / 20 ≥ 50 % = ☺

Lesen

Klassenordnung. Welches Satzende passt zu welchem Satzanfang? Ergänze die Sätze!

	Nr	0	2
a. Ich mag meine Schule, weil sie ...			
b. Ich setze mich leise auf meinen Platz, wenn ...			
c. Ich darf im Unterricht nicht ...			
d. Ich darf kein ...			
e. Ich soll meinen Klassenkameraden ...			
f. Ich soll im Unterricht gut ...			
g. Ich spreche erst, wenn ...			
h. Ich soll meine Hausaufgaben ...			
i. Ich packe meine Schultasche, wenn			
j. Wenn ich diese Klassenordnung nicht respektiere, muss ...			

Punktestand : ... / 20 ≥ 50 % = ☺

Kapitel 8

Aktion 1

LEHRBUCH, S. 123

Nach der Theaterprobe

Was ist richtig? Kreuze an!

1. Jana hofft, …
- ☐ dass beim Theaterwettbewerb alles gut geht.
- ☐ dass die Klassenarbeit klappt.
- ☐ dass sie ihren Text gut kann.

2. Elias findet, …
- ☐ dass sie immer schlechter werden.
- ☐ dass sie sehr gut sind.
- ☐ dass sie immer besser werden.

3. Sophie meint, …
- ☐ dass sie sich Mühe gibt.
- ☐ dass sie zu viel Stress haben.
- ☐ dass sie Angst hat.

4. Sophie und Elias wollen morgen …
- ☐ auf dem Schulhof ihren Text üben.
- ☐ zusammen in der Eisdiele ihren Text üben.
- ☐ bei Elias ihren Text üben.

Melodien

Hör dir die folgenden Sätze an! Markiere mit einem Fluofilz das betonte Wort!

Beispiel: Hoffentlich klappt alles beim Theaterwettbewerb!

1. Zu zweit ist es bestimmt viel einfacher!
2. Wir sind alle ein bisschen gestresst und müde.
3. Alex hat doch echt geglaubt, da wären Wölfe im Zimmer.
4. Darf ich bitte mal deine Cremespülung haben?
5. Du musst auch etwas dafür tun.
6. Jemand hat seinen Kuchen nicht gegessen.

Auf Wörtertournee

LEHRBUCH, S. 124

1. Märchenfantasie

Imagine une histoire, où, comme dans un rêve bizarre, ton quotidien ou la vie réelle se mêlerait à des éléments venus des contes traditionnels. Précise le lieu, les personnages, ce qui se passerait alors.

Exemple : pour écrire ton histoire, remplace les expressions en italique par des éléments de ta propre histoire.
Ich wäre *ein Musiklehrer.*
Ich hätte *meine Gitarre* mit.

Du wärst *eine Katze.*
Wir wären *in einem Museum.*
Du hättest *keine Angst.*
Ich würde *dich küssen.*
Und du würdest *plötzlich singen.*

....

....

....

....

....

....

....

....

....

....

....

....

....

2. Himmelsrichtungen in China

Sur le modèle de celui que tu peux lire à la page 124 de ton manuel, écris un poème utilisant la même structure mais des éléments différents. Associe à chaque direction un être vivant, un mois, une activité, une lettre de l'alphabet, un objet. Tu peux t'aider des chapitres précédents mais aussi de ton lexique, p. 164.

Der Süden, ...

Der Norden, ...

Der Osten, ...

Der Westen, ...

Auf Wörtertournee

LEHRBUCH, S. 125

Grimms Märchen

1. Regarde dans ton manuel, p. 125 et écris dans chaque vignette le titre du conte.

Extra plus

2. Lis ces quelques phrases et retrouve le titre du conte à l'aide de ton manuel, p. 125.

Ein junges Mädchen ist arm und hilft gern den Anderen. Das Mädchen bekommt viel Geld, weil es sehr nett ist. Das Mädchen ist jetzt reich. → *Die Sterntaler*

a. Es sind vier Tiere. Sie wollen zusammen musizieren. Sie gehen nach Bremen.

→ ....

b. Sie sind Geschwister. Sie sind im Wald. Sie finden ein leckeres Haus aus Zucker. In diesem Haus wohnt eine Hexe.

→ ....

c. Das schöne junge Mädchen lebt glücklich im Wald mit sieben Zwergen.

→ ....

d. Das kleine Mädchen hat rote Kleidung an und besucht seine kranke Großmutter. Aber der Wolf wartet auf sie...

→ ....

e. Eine Prinzessin spricht mit einem Frosch. Sie findet ihn nicht schön. Aber das Tier wird zu einem schönen Prinzen!

→ ....

f. Der Junge hat Gold. Er möchte lieber ein Pferd haben. Er tauscht sein Geld gegen das Tier. Er ist glücklich.

→ ....

g. Ein armer Junge findet einen Schlüssel im Schnee. Der Schlüssel ist aus Gold. Aber wo ist das passende Schloss?

→ ....

Atmosphären

LEHRBUCH, S. 126

Märchen von Immer

Welcher Hörtext passt zu welchem Bild?

Der Froschkönig

Bild		Bild	
Hörtext 1	....	Hörtext 5	....
Hörtext 2	....	Hörtext 6	....
Hörtext 3	....	Hörtext 7	....
Hörtext 4	....	Hörtext 8	....

Atmosphären

LEHRBUCH, S. 126

Märchen von Immer

Extra plus

SCHÜLER 47 SCHÜLER 48 SCHÜLER 49 SCHÜLER 50 SCHÜLER 51 SCHÜLER 52

Quel conte est raconté ?

a. Les contes ci-dessous sont illustrés par un extrait audio. Indique dans le tableau quel extrait audio correspond à quel conte.

b. Quels sont les mots / expressions / phrases qui t'ont permis de comprendre de quel conte il s'agissait ? Note-les dans le tableau ci-dessous.

Conte	Document sonore	Mot(s) / Expression(s) / Phrase(s)
Cendrillon	extrait n°..........	....
Hänsel et Gretel	extrait n°..........	....
La Belle au bois dormant	extrait n°..........	....
La pluie d'étoiles	extrait n°..........	....
Le lièvre et le hérisson	extrait n°..........	....
Les musiciens de Brême	extrait n°..........	....

Atmosphären

LEHRBUCH, S. 127

Die Brüder Grimm

Lies die Texte auf Seite 127 und beantworte folgende Fragen!

1. Wer sind die Brüder Grimm? Füll das Raster aus!

Name	Vorname	Geburt	Persönlichkeit
G R I M M	Jacob	im Jahre .... in	– ....
	....	im Jahre .... in	– ....
	Beruf	**Wohnort**	**Tod**
	....	1. .... 2. .... 3.	im Jahre .... in .... im Jahre .... in ....

2. Wofür interessieren sich beide Brüder?

Für ....

und für ....

3. a. Was haben sie gesammelt? ....

b. Wie viele? Über ....

Atmosphären

LEHRBUCH, S. 127

Die Brüder Grimm

Extra plus

1. Lis ce conte des frères Grimm.

Der goldene Schlüssel

Es ist Winter, es liegt tiefer Schnee und ein armer Junge muss hinausgehen und Holz holen. Wie er es nun zusammengesucht hat, will er, weil ihm so kalt ist, noch nicht nach Hause gehen, sondern erst Feuer anmachen und sich ein bisschen wärmen. Da scharrt er den Schnee weg, und wie er so den Erdboden aufräumt, findet er einen kleinen goldenen Schlüssel. Nun will er das passende Schloss finden, er gräbt in der Erde und findet ein eisernes Kästchen. „Wenn der Schlüssel nur passt!" denkt er. „Es sind gewiss kostbare Sachen in dem Kästchen." Er sucht, aber es ist kein Schlüsselloch da, endlich entdeckt er eins, aber so klein, dass man es kaum sehen kann. Er probiert, und der Schlüssel passt glücklich. Da dreht er einmal herum, und nun müssen wir warten, bis er vollends aufgeschlossen, und den Deckel aufgemacht hat, dann werden wir erfahren, was für wunderbare Sachen in dem Kästchen sind...

nach Grimms Märchen

2. Relis le conte et remets dans l'ordre chronologique les illustrations suivantes en les numérotant de 1 à 8.

a.

b.

c.

d.

2

e.

f.

g.

h.

3. Que va découvrir le garçon à l'intérieur du coffret qu'il a trouvé dans la neige?

Formule quelques hypothèses en commençant tes phrases par « *Vielleicht* ... »

a. Vielleicht findet er ....

b. Vielleicht findet ....

c. Vielleicht ....

d. Vielleicht ....

e. ....

f. ....

Miteinander

LEHRBUCH, S. 128-129

Von mir zu dir

1. Emploie des noms d'animaux que tu connais et ajoute un adjectif pour caractériser un personnage : trouve cinq expressions en positif et cinq en négatif.

Du, lieber Engel!	*Du, fettes Lama!*
....	....
....	....
....	....
....	....
....	....

Im Schüleratelier

2. Trouve des éléments pour réaliser un jeu de cartes et inventer ensuite un conte.

Un lieu ....

....

....

Un personnage réel ....

....

....

Un personnage imaginaire ....

....

....

Un objet ....

....

Un objet magique ....

....

Un événement ....

....

....

Aktion 2

LEHRBUCH, S. 130-131

Besuch im Grimm-Museum

Was ist richtig? Kreuze an!

1. Wo hat Özge sich über Grimms Märchen informiert?

☐ Im Museum.
☐ Im Internet.
☐ In einem Lexikon.

2. Was findet sie unglaublich?

☐ Die Vielfalt der Sprachen und der Versionen.
☐ Die Qualität der Bearbeitungen.
☐ Die Anzahl der Märchen.

3. Was erwartet Laura von ihrem Museumsbesuch?

☐ Neue Ideen für das Theaterstück.
☐ Ideen für die Theaterrequisiten.
☐ Interessante Begegnungen.

4. Was machen die Schulband und Herr Mang gerade?

☐ Sie komponieren ein Musikstück für die Theateraufführung.
☐ Sie proben das Theaterstück.
☐ Sie proben ein Musikstück.

5. Was macht der Museumsangestellte?

☐ Er zeigt ihnen das Obergeschoss.
☐ Er zeigt ihnen das Untergeschoss.
☐ Er erklärt ihnen den Weg durchs Museum.

6. Was befindet sich im dritten Obergeschoss?

☐ Eine Erlebniswelt der Märchen.
☐ Eine Dauerausstellung über Leben und Werk der Brüder Grimm.
☐ Eine Sonderausstellung über das Märchen „Der Froschkönig".

Melodien

Du hörst jetzt eine Serie von 10 Wörtern mit „au" oder „äu". Schreib, was richtig ist!

Beispiel: bl au – H äu ser

a. t ___ send **b.** ungl ___ blich **c.** l ___ ft **d.** Z ___ berer **e.** B ___ me

f. Schlafr ___ me **g.** P ___ senbrot **h.** eink ___ fen **i.** r ___ chen **j.** Blumenstr ___ ße

Interaktionen

Schreib eine neue Geschichte mit Hilfe der Tabelle auf Seite 131 deines Lehrbuchs!

....

....

....

....

....

Unter der Lupe

LEHRBUCH, S. 132

Berlin

1. Lies die Texte auf Seite 132 und beantworte folgende Fragen!

a. Wie heißt das weltberühmte Kindertheater in Berlin? ....

b. Welche S-Bahnlinie führt zum Theater? ....

c. Wie viele Zuschauer besuchen jährlich das Theater? Ca. ....

d. Für wen spielt das Theater?

– Für ....

– Für ....

– Für ....

e. Wie heißt der größte Erfolg des Theaters? ....

f. Wer hat dieses Musical geschrieben? ....

g. Wann? ....

2. Informationen zur Geschichte vom Musical sind falsch. Finde sie heraus und korrigiere alle falschen Aussagen!

a. Das Musical spielt in Hamburg.

....

b. Ein junger Mann, der um 6 Uhr 40 am Bahnhof Zoo ankommt, ist auf der Suche nach seinen Eltern.

....

....

c. Der ganze Film spielt auf den Bahnhöfen und in den Zügen der U-Bahnlinie 2.

....

....

Unter der Lupe

LEHRBUCH, S. 132

Berlin

Extra plus

„Linie 1": Chronologie von einem internationalen Erfolg

1985 hat Volker Ludwig die musikalische Revue „Linie 1" geschrieben. Die Premiere hat am 30. April 1986 stattgefunden. 1987 hat Volker Ludwig für „Linie 1" den Mülheimer Dramatikerpreis für das beste deutschsprachige Theaterstück bekommen. Am 7. April 2001 hat das Grips-Theater „Linie 1" zum 1000. Mal gespielt. Über 360 000 Zuschauer haben es bis 2001 im Grips-Theater gesehen. Über 3 Millionen haben es in 109 deutschsprachigen Theatern gesehen. In Dänemark, Schweden, Finnland, Italien, Litauen, Griechenland und Kanada wird „Linie 1" gespielt. Das Stück heißt „Linea Roja" in Barcelona, „Island Line" in Hong Kong, "Chord Line" in Kalkutta und "Seoul Line 1" in Seoul. Am 6. Februar 2001 hat in Seoul die 1000. Vorstellung der dortigen „Linie 1" stattgefunden. Vom 6. bis 8. November 2003 hat das Berliner Grips-Theater „Linie 1" in Seoul gespielt, wo die 2000. Vorstellung stattgefunden hat. Weitere Inszenierungen von „Linie 1" sind in England, in den USA und in Bombay geplant. „Linie 1" ist das deutsche Stück, das den größten weltweiten Erfolg hat.

1. Complète à l'aide de dates que tu trouveras dans le texte page précédente.

a. .... → Écriture de la pièce « Linie 1 ».

b. .... → Première représentation de la pièce « Linie 1 ».

c. .... → Prix pour l'auteur de la pièce « Linie 1 ».

d. .... → 1000e représentation de la pièce « Linie 1 » au théâtre Grips.

e. .... → 360 000 spectateurs ont vu cette pièce au théâtre Grips à Berlin. Plus de 3 millions de spectateurs l'ont vue dans d'autres salles de théâtre.

f. .... → 1000e représentation à Séoul de « Seoul Line 1 », adaptation de la pièce allemande « Linie 1 ».

g. .... → Le théâtre berlinois Grips joue la pièce allemande « Linie 1 », 2000e représentation à Séoul.

2. « Linie 1 », un succès mondial.

a. La pièce allemande « Linie 1 » a été jouée dans plusieurs pays étrangers. Lesquels ?

....

....

b. Dans quelles villes étrangères la pièce allemande « Linie 1 » a-t-elle été adaptée ?

....

c. Où trois autres projets de mise en scène de la pièce allemande « Linie 1 » sont-ils prévus ?

....

Unter der Lupe

LEHRBUCH, S. 132

Berlin

Hör dir die Reportage über die Hauptstadt Berlin an und beantworte folgende Fragen!

1. **Für wen ist Berlin eine Inspirationsquelle? Kreuze an!**

☐ Für Ärzte. ☐ Für Lehrer. ☐ Für Schauspieler. ☐ Für Schriftsteller.

2. **Berlin ist eine Riesenparty mit…**

☐ Glanz und Glimmer. ☐ Riesen und Zwergen. ☐ Sonne und Wolken.

3. **Über welche Sehenswürdigkeiten spricht man? Kreuze an!**

☐ Alexanderplatz ☐ Brandenburger Tor ☐ Gedächtniskirche ☐ Holocaust-Denkmal
☐ Ku'damm ☐ Potsdamer Platz ☐ Siegessäule ☐ Tiergarten

4. **Das Flair der Stadt zieht Touristen an. Wie viele Leute waren es letztes Jahr? Kreuze an!**

☐ 3,7 Millionen ☐ 4,8 Millionen ☐ 6,5 Millionen ☐ 9,2 Millionen

5. **Drei Personen sagen ihre Meinung über Berlin. Wer sagt was? Verbinde!**

Die 1. Person •	• findet, dass es hier nicht so langweilig wie auf dem Lande ist.
Die 2. Person •	• ist total begeistert.
Die 3. Person •	• sagt, dass hier verschiedene Kulturen zusammenleben.

Unter der Lupe

LEHRBUCH, S. 132

Berlin

Extra plus

54 **Écoute le document sonore et réponds aux questions suivantes.**

1. **Quel Berlin évoque Reiko ? Coche la bonne réponse.**

☐ Le Berlin culturel. ☐ Le Berlin festif. ☐ Le Berlin politique.

2. **À quelle ville compare-t-il la capitale ? Coche la bonne réponse.**

☐ À Brême. ☐ À Hambourg. ☐ À Hanovre. ☐ À Munich.

3. **Comment caractérise-t-il Berlin ? Associe les expressions allemandes correspondantes.**

C'est plus Rock'n Roll. •	• *Die Leute sind ausgelassener und entspannter.*
Les gens s'habillent de façon plus folle. •	• *Es ist rockiger.*
Les fêtes sont plus animées. •	• *Die Leute sind verrückter angezogen.*
Les gens sont plus détendus et cool. •	• *Die Partys sind lebhafter.*

4. **Quelles expressions emploie-t-il pour dire « au revoir » ?**

....

5. **Quel synonyme de « Guten Appetit! » emploie-t-il ?**

....

Unter der Lupe

LEHRBUCH, S. 133

Der Himmel über Berlin

1. Erzähl das moderne Märchen! Schreib unter jedes Bild den richtigen Satz!

- **a.** Er begegnet der wunderschönen Trapezkünstlerin und verliebt sich in sie.
- **b.** Sie selbst ist auch auf der Suche nach der Liebe.
- **c.** Eine Künstlerin, die Marion heißt, fühlt sich wie ein Engel.
- **d.** Der Mensch Damiel macht sich nun in der vielfarbigen Stadt auf der Suche nach Marion.
- **e.** Der Engel Damiel beobachtet die Menschen, die da unten in Berlin leben.
- **f.** Er möchte lieber ein Mensch werden.

1

2

3

4

5

6

2. Wie endet das Märchen? Erzähl weiter!

Extra plus

3. (CD 55) **Écoute sur ton CD l'interview du metteur en scène de ce film et complète sa fiche signalétique.**

Nom	
Prénom	
Date de naissance	
Lieu de naissance	
Lieux de résidence	– –
Taille	
Poids	
Situation familiale	
Nombre d'enfants	
Profession	
Loisirs	

Grammitraining

LEHRBUCH, S. 134

1. Transforme selon le modèle.
(Es klappt.) → Ich hoffe, es klappt!
→ Hoffentlich klappt es!

a. (Du kannst mir helfen.) ……………………………………………

……………………………………………

b. (Du wirst ruhiger.) ……………………………………………

……………………………………………

c. (Morgen schneit es.) ……………………………………………

……………………………………………

d. (Wir gewinnen.) ……………………………………………

……………………………………………

e. (Tim kommt mit.) ……………………………………………

……………………………………………

f. (Wir finden eine Lösung.) ……………………………………………

……………………………………………

g. (Ihr seid die Besten.) ……………………………………………

……………………………………………

h. (Alle engagieren sich für eine bessere Welt.) ……………………………………………

……………………………………………

2. Complète la phrase en écrivant le participe II correspondant à l'infinitif.
einladen → Ich habe Jan ***eingeladen***.
abholen → Papa hat Oma ***abgeholt***.

a. *nachsehen* → Ich habe schon …………………………………………… .

b. *anrufen* → Hast du mich gestern ....?

c. *ausgeben* → Wie viel hast du ....?

d. *mitmachen* → Wer hat ....?

e. *vorschlagen* → Das hat er mir ....

f. *aufräumen* → Ich habe die Küche.. .

g. *einkaufen* → Wir haben für das Fest ....

3. Complète les groupes nominaux suivants en ajoutant à l'adjectif sa marque forte : *(e)r* ou *(e)s*.
*Du bist ein klein**er** Wurm.*

a. Du bist ein winzig.......... Insekt.

b. Es ist ein seltsam.......... Traum.

c. Er ist ein klein.......... Junge.

d. Nun kommt ein vermummt.......... Roboter.

e. Es ist ein weltbekannt.......... Theater.

f. Es ist ein genial.......... Stück.

g. Es ist ein alt.......... Märchen.

h. Hier wohnt ein böse.......... Wolf.

Aktion 3

LEHRBUCH, S. 135

Telefongespräch aus Berlin

Schüler 57 **Was ist richtig? Kreuze an!**

	Richtig	Falsch
a. Özge telefoniert mit ihrer Mutter.	☐	☐
b. Sie erzählt ihr, wer beim Theaterwettbewerb gewonnen hat.	☐	☐
c. Die Truppe aus Kassel hat den ersten Platz gemacht.	☐	☐
d. Besonders die Spanier fand Özge klasse.	☐	☐
e. Die Iren haben die kleine Meerjungfrau aufgeführt.	☐	☐
f. Herr Aghahassani ist stolz auf seine Tochter.	☐	☐
g. Özge findet Berlin langweilig.	☐	☐
h. Die Freunde machen einen Stadtbummel durch Berlin.	☐	☐
i. Am nächsten Tag gehen sie in Berlin auf eine Friedensdemo.	☐	☐

Ce que je sais…

LEHRBUCH, S. 136-137

Tu veux ...

1. dire que tu pourrais être un magicien / une magicienne :

.... | 0 | 0,5 | 1 |

2. dire que tu demanderais une clé :

.... | 0 | 0,5 | 1 |

3. dire que tu espères qu'il / elle pourra t'aider :

.... | 0 | 0,5 | 1 |

4. dire que c'est parce que tu n'as pas d'amis :

.... | 0 | 0,5 | 1 |

5. dire que tu peux devenir plus vieux :

.... | 0 | 0,5 | 1 |

6. dire que tu veux d'abord aller à la plage :

.... | 0 | 0,5 | 1 |

7. dire que tu vas ensuite disparaître :

.... | 0 | 0,5 | 1 |

8. dire que c'est une feuille qui est jaune :

.... | 0 | 0,5 | 1 |

9. dire que tu as fait un rêve étrange :

.... | 0 | 0,5 | 1 |

10. dire que tu as déjà rêvé d'un dragon :

.... | 0 | 0,5 | 1 |

11. demander à quelqu'un quels contes il / elle connaît :

.... | 0 | 0,5 | 1 |

12. demander à quelqu'un quels contes il / elle a déjà lus :

.... | 0 | 0,5 | 1 |

13. demander à quelqu'un dans quel lieu il / elle serait (par exemple, dans un château fort) :

.... | 0 | 0,5 | 1 |

14. demander à quelqu'un pourquoi il / elle vient vers toi :

.... | 0 | 0,5 | 1 |

15. demander à quelqu'un ce qu'il / elle projette de faire :

.... | 0 | 0,5 | 1 |

16. demander à quelqu'un ce qu'il fait là :

.... | 0 | 0,5 | 1 |

17. demander à quelqu'un quelle sorte de fleur c'est :

.... | 0 | 0,5 | 1 |

18. demander à quelqu'un où se déroulait l'action de son rêve :

.... | 0 | 0,5 | 1 |

19. demander à quelqu'un qui était là :

.... | 0 | 0,5 | 1 |

20. demander à quelqu'un s'il / elle a bien dormi :

.... | 0 | 0,5 | 1 |

Punktestand : ... / 20

Wie gut du bist!

Zertifikation A1

LEHRBUCH, S. 136-137

Hören

1. Hör dir das Märchen „Die Sterntaler" an und nummeriere folgende Bilder in der richtigen Reihenfolge!

a

b

c

d

e

f

g

2

h

i

j

k

Punktestand : ... / 10

2. **Welcher Titel passt zu welchem Hörtext? Ein Titel passt nicht.**

A. Die Lieblingslektüre
B. Die Brüder Grimm
C. Die Märchenstraße
D. Die Märchenfiguren
E. Das Grimm-Museum
F. Die Märchenfestspiele

Hörtext	Titel	0	2
1			
2			
3			
4			
5			

Punktestand : ... / 10

Punktestand : ... / 20 ⩾ **50 %** = ☺

Lesen

Was ist richtig? Was ist falsch?

	Richtig	Falsch	0	2
a. Die Brüder Grimm haben viele Theaterstücke gesammelt.	☐	☐		
b. Die Brüder Grimm sind international bekannt.	☐	☐		
c. Man kann die Märchen der Brüder Grimm in vielen Sprachen lesen.	☐	☐		
d. Die Brüder Grimm sind in Hanau geboren.	☐	☐		
e. In Hanau fängt die deutsche Weinstraße an.	☐	☐		
f. Die Märchenstraße ist bei den Touristen beliebt.	☐	☐		
g. Die Märchenstraße ist hundert Kilometer lang.	☐	☐		
h. Die Märchenstraße endet in Hamburg.	☐	☐		
i. Man kann dieses Märchenparadies auch zu Fuß und mit dem Rad entdecken.	☐	☐		
j. Die Märchenstraße bietet ein interessantes Kulturprogramm.	☐	☐		

Punktestand : ... / 20 ⩾ **50 %** = ☺

Bilan lexical

TU SAIS DÉJÀ

saluer	Hallo! – Guten Tag!
te présenter	Ich heiße... – Ich bin... – Ich wohne in... – Ich komme aus... – Ich gehe in die ...
t'excuser	Tut mir Leid! Geht's?
te renseigner sur quelqu'un	Wer bist du? Wie heißt du? Wie ist dein Vorname? In welche Klasse gehst du? Wo wohnst du? Woher kommst du? Wie alt bist du?
te renseigner sur quelque chose	Wann ist die AG?
dire ce que tu (n') aimes (pas)	Es ist toll/geil – ... finde ich blöd/doof! – Ich mag... – Ich wohne (nicht) gern hier.
râler	Mist! – Mensch!
convenir d'un rendez-vous	Morgen um 9 Uhr, Vitusweg 12 in Kassel

En utilisant des sons...

h devant une voyelle se prononce comme dans le *hello* anglais : *hoppelt – Herr*

ä est proche du français **ê** comme dans « rêve » : *europäisch – Klänge*

... et du vocabulaire

die Schule *(l'école)*	
das Gymnasium	Deutsch
die Klasse	Französisch
das Schülercafé (-s)	Latein
der Schüler (-)	Griechisch neu
die Schülerin (-nen)	Spanisch
das Fach (-ër)	
Geschichte	

die AGs *(les clubs)*	
das Fahrrad (¨-er)	Fahrrad fahren*
der Fußball	rudern
der Roller	spielen
die Literatur	trainieren
das Schach	lesen*
das Theater	schreiben*
die Zeitung (-en)	singen*

die Anderen *(les autres)*	
der Freund (-e)	der Herr (-n, -en)
die Freundin (-nen)	die Frau (-en)
der Vater (¨)	die Leute (plur.)
die Mutter (¨)	treffen*
der Nachbar (-n, -n)	

die Zeit *(le temps)*	
das Datum	jetzt
der Tag (-e)	heute
die Woche (-n)	morgen
der August	gegen 9 Uhr
das Jahr (-e)	

die Stadt *(la ville)*	
der Stadtplan (¨-e)	der Platz (¨-e)
die Straße (-n)	Inliner fahren*
der Weg (-e)	klein

die Atmosphäre *(l'atmosphère)*	
die Sonne	ruhig
scheinen	schön
nett	wundervoll

Bilan lexical

TU SAIS DÉJÀ

proposer une activité à quelqu'un et réagir à sa proposition	Willst du (nicht)…? – Ja, gern… Meinetwegen – Von mir aus… – Warum nicht? – Nein, keine Lust… – Leider nicht… – Ich will …
fournir des indications de distance et de durée	… ist … Meter weiter – Zwei Tage lang.
détailler un planning	Was machst du am Wochenende/Nachmittag…? Mit wem?
attirer l'attention de quelqu'un	Pass auf! – Guck mal! – Hei!
dire ta capacité ou non à faire quelque chose	Ich kann (nicht)
(t') informer sur l'état de santé d'une personne et lui souhaiter bon rétablissement	Wie geht's? Wie ist's mit dir? – Gut – Na so… Geht so… – Schlecht… – Gute Besserung!
demander et dire où est la douleur	Was fehlt dir? – Was tut dir weh? – Was hast du? – Ich habe… – Mir tut… weh.
remercier et dire au revoir	Danke schön! Danke sehr! Vielen Dank! – Bitte! Tschüs! Auf Wiedersehen! Auf Wiederschauen! Auf Wiederhören! *(Au téléphone)*

En utilisant des sons…

z se prononce comme dans le mot *tsunami* : *Zehn – Ziege*

-er en fin de mot se prononce comme une simple voyelle entre e et a : *Zucker – Finger*

… et du vocabulaire

der Körper *(le corps)*	
der Arm (-e)	die Hand (¨-e)
der Bauch	das Knie (-n)
das Bein (-e)	der Kopf (¨-e)
der Finger (-)	der Zahn (¨-e)
der Fuß (¨-e)	link
der Hals	recht

der Notfall *(l'urgence)*	
der Arzt (¨-e)	der Schmerz (-en)
die Apotheke (-n)	der Termin (-e)
der Gips	an/rufen*
das Krankenhaus (¨-er)	zeigen
die Feuerwehr	schnell
die Praxis	krank

der Sport *(le sport)*	
der Trainer	surfen
der Verein (-e)	reiten*
das Finale	rodeln
die Weltmeisterschaft	schwimmen*
Kanu fahren*	Tischtennis spielen
laufen*	wandern
skaten	anstrengend

die Freizeit *(le temps libre)*	
der Campingplatz (¨-e)	das Museum (-en)
der Fluss (¨-e)	sich an/sehen*
die E-Mail-Adresse (-n)	mit/machen
das Handy (-s)	Spaß machen
der Film (-e)	unternehmen
das Kino	schlafen*
das Lieblingsbuch (¨-er)	

Bilan lexical

TU SAIS DÉJÀ

t'exprimer sur des ennuis techniques quotidiens et leur solution	So ein Pech! – Auch das noch! – Was ist los? Dann müssen wir…
t'excuser de ne pas être à l'heure	Entschuldigung! Ich bin… Minuten zu früh/spät! Ich habe… Stunde Verspätung
proposer à boire et à manger à quelqu'un réagir à une offre de ce type	Möchtest du… essen*/trinken*? Es gibt… Ich hätte gern … – Nein, danke!
interroger qn sur les membres de sa famille : identité, profession, liens de parenté…	Hast du Geschwister? Was ist dein Onkel von Beruf?
présenter les tiens	Mein Cousin, meine Kusine, meine Eltern …
demander et donner un prix	Was/Wie viel kostet…?

En utilisant des sons…

k est plus sonore qu'en français : *Keller – Kuchen – Kakao*

Les voyelles a, o, u peuvent être longues ou brèves : *Vater, Brot, Nudeln – nass, Mutter, voll*

… et du vocabulaire

die Probleme *(les ennuis)*	
der Regen	platt
das Gewitter	leider
der Reifen	allein
die Erste-Hilfe-Tasche	reparieren
das Flickzeug	verlieren*
die Werkzeugtasche	
nass	

das Essen und Trinken *(manger/boire)*	
das Eis	der Orangensaft (¨e)
das Stück (-e)	das Wasser
der Käsekuchen	an/bieten*
das Plätzchen (-)	heiß
die Schokolade	lecker
der Salat (-e)	satt
das Vollkornbrot	kaufen
die Wurst (¨e)	billig

die Familie *(la famille)*	
der Bruder (¨er)	der Zwilling (-e)
die Schwester (-n)	der Großvater (¨)
die Geschwister (plur.)	die Großmutter (¨)
das Kind (-er)	der Stiefvater (¨)
der Junge (-n, -n)	der Mann (¨er)
das Mädchen (-)	das Haus (¨er)
der Sohn (¨e)	glücklich
die Tochter (¨)	leben

die Arbeitswelt *(le monde du travail)*
der/die ApothekerIn
der Journalist (-n, -n)
die Journalistin (-nen)
der Krankenpfleger (-)
die Krankenschwester (-n)
der/die LehrerIn (-)/(-nen)
der/die LKW-FahrerIn
der Zahnarzt (¨e)
die Zahnärztin (-nen)

Bilan lexical

TU SAIS DÉJÀ

donner et demander un avis	Finde ich echt doof/blöd/Quatsch! – Wirklich klasse ... – Wie findest du...?
donner une appréciation	Prima – ganz Ok – In Ordnung – gar nicht gut
demander et donner un argument (dé)favorable	Warum? – Zu viel... / Zu wenig... – Absolut kein.... Nicht... – Doch ganz gut... – Immerhin...
exprimer l'accord ou le désaccord avec quelqu'un	Stimmt... – Finde ich auch – Ja schon, aber... – Finde ich aber nicht! Stimmt doch gar nicht!
exprimer un souhait/la préférence	Ich würde gern/(viel) lieber...
préciser un emploi du temps	Gestern – vorgestern – nach der Pause – nachher
dire tes souhaits et ceux des autres	Ich würde gern...
exprimer l'indécision	Ich weiß nicht – Ich habe keine Ahnung – Mal sehen... – Ich habe nichts vor...
faire une suggestion	Wie wär's mit...? – Ich schlage vor...

En utilisant des sons...

ch devant **e**, **i**, **ä** est un son particulier à l'allemand : *ich – echt*

ei (diphtongue = son double) se prononce comme « Aïe ! » : *weiß – frei*

... et du vocabulaire

der Unterricht *(le cours)*

Englisch	das Zeugnis (-se)
Erdkunde	erklären
Kunst	helfen*
das Klassenzimmer (-)	lernen
die Hausaufgabe (-n)	streng
der Stundenplan (¨-e)	locker

die Reise *(le voyage)*

die Klassenfahrt (-en)	der Herbst (-e)
der Zug (¨-e)	der Winter (-)
der Bahnhof (¨-e)	die Ferien
das Flugzeug (-e)	weg/fahren*
der Frühling (-e)	fliegen*
der Sommer (-)	frei

die Jugendherberge *(l'auberge de jeunesse)*

das Abendessen	das Bett (-e)
das Mittagessen	preiswert
auf/stehen*	teuer
frühstücken	geschlossen
übernachten	müde
der Hunger	willkommen

das Programm *(le programme)*

die Aufführung (-en)	statt/finden*
das Chor	draußen
der Discoabend (-e)	besichtigen
das Konzert (-e)	segeln
das Klavier	spannend
der Einkaufsbummel (-)	langweilig
die Veranstaltung (-en)	lustig

die Wahlen *(les élections)*

der Klassensprecher (-)	organisieren
abstimmen	vor/schlagen*
sprechen*	

Eigenschaften *(qualités et défauts)*

aufgeschlossen	intolerant
humorvoll	nervös
witzig	unfreundlich

Bilan lexical

TU SAIS DÉJÀ

exprimer ta satisfaction, le succès	Mann bin ich froh! ... Geschafft!
parler de départs, directions, horaires et retours	Um wieviel Uhr fährt der Zug nach Ulm ab? Fahren wir los? – Wann fahren wir zurück? – Bis bald!
demander quel cadeau faire à une occasion particulière	Was wollen wir kaufen? Was wünschst du dir zu deinem Geburtstag/ zu Weihnachten?
suggérer une idée de cadeau	Vielleicht... – Ich glaube, darüber würde ich mich freuen. Es gefällt ihm sicher/bestimmt – Schenk/Kauf ihr doch...!
demander un article	Ich brauche... – Ich möchte... – Entschuldigen Sie bitte! Hätten Sie...?
dire où trouver cet article et le servir	Moment, ich sehe mal nach... – In der 4. Etage / Im Erdgeschoss – Hier bitte!
te décider pour un article	Dann nehme ich... – Also, ich nehme .... – Also... bitte!
demander et donner un conseil	Was soll ich ihm/ihr/ihnen schenken? Was meinst du? – Da hast du Recht, das ist (viel) zu... – Sowas gefällt mir (nicht)!
payer, faire l'appoint, remercier	Hier haben Sie... – Es fehlen noch ... – Sie bekommen... zurück – Ich danke Ihnen! Danke vielmals!

En utilisant des sons...

Les alliances **kn**, **kl**, **pf** se prononcent comme 2 consonnes : *Klaus – Knopf*

ö devant une consonne se prononce comme dans « feu » : *Schön – Klöße*

... et du vocabulaire

die Kleider *(les vêtements)*	
der Handschuh (-e)	der Strumpf (¨e)
die Mütze (-n)	das T-Shirt (-s)
der Pulli (-s)	altmodisch
der Schal (-s)	kurz
der Sportschuh (-e)	lang

die Farben *(les couleurs)*	
blau	rosa
braun	rot
gelb	schwarz
grau	weiß
grün	bunt

die Geschenke *(les cadeaux)*	
das Armband (¨er)	der Ohrring (-e)
das Badetuch (¨er)	die Sonnenbrille (-n)
die CD (-s)	die Uhr (-en)
die Kette (-n)	das Videospiel (-e)
der MP3-Player (-s)	bezahlen
das Parfüm (-s)	Geld aus/geben*

die Party *(la fête)*	
das Fest (-e)	dabei sein*
der Apfel (¨)	ein/kaufen
das Obst	kochen
das Ei (-er)	ein/laden*
der Zucker	feiern
backen*	vorbereiten

Bilan lexical

TU SAIS DÉJÀ

demander où sont et où se rangent des objets	Wo ist…? Wo hast du… (gelassen)? Kannst du mir sagen, wo/wohin…? Was mache ich mit...? Wohin soll…? Wohin kommt…? Wohin gehört…?
localiser	Hier! Da! Oben! Unten! Links! Rechts! Vorne!
faire déplacer des objets par quelqu'un	Stell/Häng/Leg… hier/da/oben hin! – vor, hinter, auf, in, an, neben, zwischen … und … … hin!
formuler des vœux d'anniversaire	Ich gratuliere (dir!) – (Ich wünsche dir) alles Gute zum Geburtstag!
demander une autorisation	Darf ich…?
répondre en autorisant ou interdisant	Ja, klar/natürlich! – Ist mir egal! – Nicht jetzt, später! – Nein, bitte nicht! Kommt nicht in Frage! – Nie im Leben!
demander à quelqu'un de faire quelque chose	Wolltest du … nicht …? – Am Besten … Sei bloß…! – Jeder soll… – Machen Sie…
exprimer la satisfaction ou le découragement	Ich habe mich sehr darüber gefreut! – Das war spitze! – Ich freue mich sehr… – Schön, dass… Schade! – Ich bin erledigt.

En utilisant des sons...

s en fin de mot se prononce comme dans *bus* : *Glas – rechts*

s en début de mot ou entre 2 voyelles se prononce comme dans « rusé » : *so – Sack*

... et du vocabulaire

das Wohnzimmer *(le séjour)*	
die Ecke (-n)	der Computer (-)
der Kamin	der Fernseher (-)
das Regal	die Tür zu/machen
der Schrank (¨-e)	auf/machen
der Sessel (-)	tragen*
das Sofa (-s)	leicht
der Stuhl (¨-e)	schwer
die Wand (¨-e)	

die Küche *(la cuisine)*	
der Becher (-)	der Kuhlschrank (¨-e)
das Besteck	das Tischtuch (¨-er)
die Gabel (-n)	der Tisch (-e)
das Glas (¨-er)	decken
der Löffel (-)	auf/räumen
das Messer (-)	kaputt
der Teller (-)	leer
das Geschirr	

die Stimmung *(l'ambiance)*	
die Discokugel (-n)	die Kerze (-n)
der Lautsprecher (-)	die Stehlampe (-n)
die Musikanlage	die Blumenvase (-n)
das Licht (-er) an/	tanzen
ausmachen	laut
die Lichtorgel (-n)	leise

die Umwelt *(l'environnement)*	
der Bioabfall (¨)	kompostieren
der Kunststoff	sammeln
das Papier	sortieren
der Müll	trennen
der Sack (¨)	weg/werfen*
die Tüte (-n)	leer
der Garten (¨)	kaputt
denken*	

Bilan lexical

TU SAIS DÉJÀ

dire le temps qu'il fait	Es ist schwül/trocken – Es friert…
poser une condition	Wenn es Wind gibt, … Wenn ich genug Geld habe, …
proposer/suggérer une activité possible ou une solution	Leute, wir könnten baden! Dann können wir/kannst du windsurfen!
indiquer que quelque chose est indispensable	Sie muss arbeiten… – Ihr müsst unbedingt folgende Sachen mitnehmen!
indiquer que quelque chose est interdit	Sie dürfen keine Tische nach draußen austragen… – Du darfst nicht rauchen.
contacter à distance	Wie geht's euch allen? Sag mal, wie…?
interroger et t'exprimer sur une durée de séjour	Wie lange bist du dort? – Seit/bis wann? Ungefähr eine Woche! – Seit letztem/bis nächsten Samstag!

En utilisant des sons…

Les alliances sp, st en début de mot se prononcent « chp » et « cht » : *springen – Stern*

La voyelle e peut être longue et fermée ou brève et ouverte : *See – herrlich*

… et du vocabulaire

der Naturfreak *(le passionné de nature)*

der Strand (¨-e)	die Taschenlampe (-n)
der See (-n)	ein/packen
der Wald (¨-er)	angeln
der Baum (¨-e)	klettern
die Erdbeer (-en)	pflücken
der Stern (-e)	zelten
der Vogel (¨)	spazieren gehen*
das Feuer	Schlittschuh laufen*
der Badeanzug (¨-e)	wild
die Jacke (-n)	

das Wetter *(le temps)*

der Himmel	schneien
die Sonne	kalt
der Schnee	trocken
der Wind	schwül
die Wolke (-n)	herrlich
frieren*	schrecklich
regnen	warm
scheinen*	

die Souvenirs *(les souvenirs)*

die Briefmarke (-n)	der Teddybär (-n, -n)
der Kugelschreiber (-)	die Zeichnung (-en)
die Postkarte (-n)	süß
die Plüschkatze (-n)	verfilmen
das Tagebuch (¨-er)	vergessen*
das Taschengeld	

die Lebensregeln *(les règles de vie)*

das Badezimmer (-)	die Zahnpasta
die Seife (-)	sich die Zähne putzen
die Unterwäsche	sich die Haare waschen*
die Nachtruhe	duschen
das Shampoo	sauber
die Zahnbürste (-n)	pünktlich

Bilan lexical

TU SAIS DÉJÀ

exprimer l'étonnement, l'admiration	Komisch! Kaum zu glauben! Einfach unglaublich! Erstaunlich! Sogar… – Wahnsinn!
exprimer l'espoir l'attente	Hoffentlich klappt alles! Ich bin ja mal echt gespannt, was…
préciser l'apparence de quelque chose	Was für einen Mann? Er/sie sieht… aus Ein Biest, das rot ist Ein kleiner Prinz
dire une transformation	jünger, größer werden er wird zu einem Tier
raconter une histoire ou un conte	Es war einmal… Die Geschichte spielt…
formuler une chronologie	Zuerst… – Dann / Danach… – Zum Schluss
transposer dans l'irréel	Ich könnte… sein – Du wärest… – Du würdest…
demander des explications, en fournir	Wieso kommst du? Warum? Weil ich einsam bin.

En utilisant des sons…

L'alliance zw se prononce [tsf] : *zwei – Zwerg*

au est un son double : les 2 voyelles se prononcent [ao] comme dans *Kakao* : *Alptraum – aus*

… et du vocabulaire

die Märchenwelt *(le monde des contes)*	
der Traum (¨-e)	arm
der Drache (-n, -n)	böse
der König (-e)	dick
die Prinzessin (-nen)	reich
die Hexe	jung
der Riese (-n, -n)	begegnen (+ D)
der Zwerg (-e)	in (+ A)… verliebt

Tiere und Pflanzen *(animaux et plantes)*	
der Frosch (¨-e)	der Rabe (-n, -n)
der Hahn (¨-e)	der Wolf (¨-e)
der Hase (-n, -n)	auf/fressen*
der Hund (-e)	
die Schildkröte (-n)	das Blatt (¨-er)
die Schlange (-n)	der Pilz (-e)
das Schwein (-e)	die Blume (-n)

die Länder *(les pays)*	
Europa	
der/die EuropäerIn (-/-nen)	
Deutschland	
der/die Deutsche	
Frankreich	
der Franzose (-n, -n)	
die Französin (-nen)	
Spanien	
der/die SpanierIn	der Däne (-n, -n)
der/die ItalienerIn	der Ire (-n, -n)

die Bühne *(la scène de théâtre)*
der Anfang
der Schluss
das Lampenfieber
der Text (-e)
der/die KünstlerIn (-nen)
der/die SchriftstellerIn (-nen)
üben
lachen
im Internet nach/sehen*
gestresst

Crédits photographiques

Couv. © masterfile ; **p. 14 g** : © KPA/Ullstein/AKG ; **p. 14 d** © KPA/Ullstein/AKG ; **p. 15 ht g** © KPA/Ullstein/AKG ; **p. 15 ht d** © KPA/Ullstein/AKG ; **p. 15 m** © KPA/Ullstein/AKG ; **p. 24 ht g** repris page 57 ht g © Joerg Lantelmé ; **p. 31 ht g** Prod DB © Senator Film/DR ; **p. 31 ht d** Prod DB © Senator Film/DR ; **p. 31 m g** Prod DB © Senator Film/DR ; **p. 31 m d** © KPA/Ullstein/AKG ; **p. 31 bas g** Prod DB © Senator Film/DR ; **p. 31 bas d** © KPA/Ullstein/AKG ; **p. 37 ht g** © Röhrbein/Ullstein/AKG ; **p. 37 ht d** © Ex-Press/Adair/Ullstein/AKG ; **p. 37 m g** © picture-alliance/dpa ; **p. 37 m d** © Hans Reinhard/Okapia/picture-alliance ; **p. 37 bas g** © Wodicka/Ullstein/AKG ; **p. 37 bas d** © Diagentur/Ullstein/AKG ; **p. 48 ht g** © Caro/Muhs/Ullstein/AKG ; **p. 48 ht d** © E. Streichan/Zefa/Corbis ; **p. 48 m g** © epd/picture-alliance ; **p. 48 m d** © Atlantide Phototravel/Corbis ; **p. 48 bas g** © Jose Fuste Raga/Corbis ; **p. 48 bas d** © Atlantide Phototravel/Corbis ; **p. 57 ht m** © Kruell/Laif-REA ; **p. 57 ht d** © D. Rose/Helga Lade Fotoagentur GmbH/picture-alliance ; **p. 57 bas g** © Röhrbein/Ullstein/AKG ; **p. 57 bas m** © Joerg Lantelmé ; **p. 57 bas d** © picture-alliance/dpa ; **p. 58 g** © Waldkirch/Schapowalow ; **p. 58 d** © Dorothea Schmid/Bilderberg/Studio X ; **p. 62 ht g** © KPA/Ullstein/AKG ; **p. 62 ht d** © KPA/Ullstein/AKG ; **p. 62 m g** © KPA/Ullstein/AKG ; **p. 62 m m** © KPA/Ullstein/AKG ; **p. 62 m d** © KPA/Ullstein/AKG ; **p. 62 bas g** © KPA/Ullstein/AKG ; **p. 62 bas d** © KPA/Ullstein/AKG ; **p. 72 g** © Roland Krieg/Stockfood/Studio X ; **p. 72 m g** © William Reavell/Stockfood/Studio X ; **p. 72 m m** © Ellert, L./ Stockfood/Studio X ; **p. 72 m d** © Karl Newedel/Stockfood/Studio X ; **p. 72 d** © Brigitte Krauth/Stockfood/Studio X ; **p. 78 ht g** Prod DB © Saul Zaentz/DR ; **p. 78 ht m** Prod DB © Saul Zaentz/DR ; **p. 78 ht d** Prod DB © Saul Zaentz/DR ; **p. 78 m g** Prod DB © Saul Zaentz/DR ; **p. 78 m m** Prod DB © Saul Zaentz/DR ; **p. 78 m d** Prod DB © Saul Zaentz/DR ; **p. 87 ht m** © picture-alliance/dpa ; **p. 94** © KPA/Ullstein/AKG ; **p. 95 g** © KPA/Ullstein/AKG ; **p. 95 d** © KPA/Ullstein/AKG ; **p. 114 g** Prod DB © Jaldran - Rialto/DR ; **p. 114 m ht** Prod DB © Jaldran - Rialto/DR ; **p. 114 m bas** Prod DB © Jaldran - Rialto/DR ; **p. 114 d** Prod DB © Jaldran - Rialto/DR ; **p. 130 ht g** Prod DB © Argos-Road Movies/DR ; **p. 130 ht m** Prod DB © Argos-Road Movies/DR ; **p. 130 ht d** Prod DB © Argos-Road Movies/DR ; **p. 130 m** Prod DB © Argos-Road Movies/DR ; **p. 130 bas g** Prod DB © Argos-Road Movies/DR ; **p. 130 bas d** Prod DB

100 %
PAPIER RECYCLÉ
3 256 811

N° éditeur : 10137293
Dépôt légal : avril 2007
Imprimé en Italie
par Rotolito Lombarda